Ich schenk dir eine
Geschichte 2009

cbj

Wir danken den Autorinnen und Autoren, die ihren Leserinnen und Lesern die in diesem Buch enthaltenen Geschichten geschrieben und geschenkt haben.

Wir danken den Buchhandlungen, die mit ihrem Engagement dieses Buch und den Welttag unterstützen.

Wir danken folgenden Firmen, mit deren freundlicher Unterstützung dieses Buch ermöglicht wurde:

Holmen Paper AB, Schweden
(Textpapier)
Tullis Russel Company, Schottland
(Umschlagkarton)
Uhl + Massopust, Aalen (Satz)
Repro Stegmüller, München
(Umschlagrepro)
GGP Media GmbH, Pößneck
(Druck/Bindung)
VVA Vereinigte Verlagsauslieferungen,
Gütersloh

Ich schenk dir eine Geschichte 2009

Abenteuergeschichten

Herausgegeben von
der Stiftung Lesen
in Zusammenarbeit mit
der Deutschen Post AG,
der Verlagsgruppe
Random House
und dem ZDF

cbj

FSC
Mix
Produktgruppe aus vorbildlich bewirtschafteten Wäldern und anderen kontrollierten Herkünften
Zert.-Nr. SGS-COC-1940
www.fsc.org
© 1996 Forest Stewardship Council

Verlagsgruppe Random House FSC-DEU-0100
Das für dieses Buch verwendete
FSC-zertifizierte Papier *Holmen Book Cream*
liefert Holmen Paper, Hallstavik, Schweden.

Einmalige Sonderausgabe April 2009
Gesetzt nach den Regeln der Rechtschreibreform

Umschlagbild: Michael Bayer
Umschlaggestaltung: Klaus Renner
MI · Herstellung: CZ
Satz: Uhl + Massopust, Aalen
Druck und Bindung: GGP Media GmbH, Pößneck
ISBN: 978-3-570-27800-0
Printed in Germany

Vorwort

Die einen heuern auf dem Schiff des berüchtigten Kapitäns »Knochenbrecher« an und erleben dort die haarsträubendsten Abenteuer. Andere dagegen bekommen einen spannenden Abenteuer-Anfang einfach so per Post nach Hause geliefert – in Form geheimnisvoller Briefe. So verschieden die Geschichten hier in diesem Buch sind, eines ist ihnen allen gemeinsam: Sie sind ganz schön spannend. Und da es offenbar überall, wo pfiffige und mutige Kinder wohnen, aufregende Abenteuer gibt, lernt ihr auf den folgenden Seiten viele faszinierende Orte kennen: von Island bis Israel, von einem Rathaus ohne Wetterhahn bis hin zu einer gruseligen Kammer in einem Landgasthof…

Wenn Geschichten verschiedene Eissorten wären, dann wären Abenteuergeschichten vermutlich das Schokoladeneis: Es gibt eigentlich keinen, der diese Sorte nicht mag. Für unser Welttagsbuch »Ich schenk dir eine Geschichte 2009« haben neun Autoren ganz besondere Abenteuergeschichten geschrieben, denn das Buch selbst ist auch etwas ganz Besonderes: Alle Viert- und Fünftklässler in Deutschland haben die Chance, rund um den Welttag des Buches am 23. April 2009 kostenlos ein Exemplar zu erhalten. Möglich macht das eine große Buch-Gutschein-Aktion, die in diesem Jahr bereits zum dritten Mal stattfindet.

Viele andere Kinder haben auch die Möglichkeit, das Verschenkbuch rund um den Welttag zu erhalten: Zahlreiche Buchhandlungen in ganz Deutschland verschenken es dann an ihre jungen Kunden. Ihnen und allen anderen Beteiligten an dieser groß angelegten Leseförderungs-Initiative möchten wir herzlich Danke sagen. Und euch wünschen wir viel Vergnügen auf den folgenden abenteuerlichen Seiten – und beim Rätseln im Anschluss an die Geschichten, denn hier gibt es viele tolle Preise zu gewinnen.

Jürgen Weidenbach
Verleger und Geschäftsführer cbj Verlag

Dr. Frank Appel
Deutsche Post AG

Rolf Pitsch
Vorstandsvorsitzender der Stiftung Lesen

Markus Schächter
Intendant des ZDF

Inhalt

Peter Schwindt

Die erste Reise

Das Meer war ruhig, der Horizont eine gerade Linie, die sich mit Nachdruck von einem blauen Himmel absetzte, an dem die Möwen tanzten und so frei wie der Wind waren, der sie trug. Juan Elcano saß nun schon den ganzen Tag an der Hafenmole von Palos und schaute den vierschrötigen Seeleuten beim Beladen dreier Schiffe zu, die am morgigen Tag in See stechen sollten. Seine wenigen Freunde nannten ihn einen sehnsuchtsvollen Träumer, doch für seine Eltern, arme Bauern aus Getaria bei Gipuzkoa, war er ein zwölfjähriger arbeitsscheuer Tagedieb, der es nicht verdiente, gemeinsam mit den Geschwistern aus einer Schüssel die karge Brotsuppe zu essen. Aber es stimmte nicht! Juan war nicht faul! Er konnte sich nur kein Leben als Bauer vorstellen, verhaftet an eine Scholle, die kaum eine Familie wie die seine ernähren konnte. Dazu liebte er zu sehr das Meer. Deswegen war er in den Süden gegangen.

Das Meer. Juan holte tief Luft und seufzte. An Tagen wie dem heutigen war der Atlantik von einer trügerischen Ruhe, so als könnte man ihn ohne Gefahr mit einem kleinen Segelboot bezwingen. Doch wenn man sich zu sicher wähnte, verwandelte sich die See in ein graues, alles verschlingendes Ungeheuer.

Nein, das Meer war tückisch wie eine wankelmütige Geliebte. Nicht dass Juan in seinem Alter etwas von diesen Dingen verstand, aber so stellte er sich Frauen vor: mal zärtlich und hingebungsvoll, dann wieder aufbrausend und verletzend.

Manchmal auch tödlich.

Aber gerade dieser Wankelmut ließ Juan jede freie Stunde

am Meer verbringen. Als Bauer lebte man mit den Jahreszeiten. Frühling, Sommer, Herbst, Winter. Man wurde geboren, wuchs heran, arbeitete und starb, ohne dass es jemanden kümmerte. Und so wollte Juan nicht enden. Deswegen musste er zur See fahren.

Er stand auf und klopfte sich die Hose ab. Juan hatte schon lange einen Entschluss gefasst, aber nicht den Mut gefunden, ihn auch in die Tat umzusetzen. Nun, das sollte sich heute ändern. Er versuchte, sich so selbstsicher wie möglich zu geben, als er auf den groß gewachsenen Mann zutrat, der neben einem Stapel Fässer stand und ihre Zahl anhand einer Liste kontrollierte. Juan räusperte sich, um die Aufmerksamkeit des Mannes zu gewinnen, doch erst, als dieser darauf nicht reagierte, sprach er ihn direkt an.

»Señor?«

Der Mann warf einen kurzen Blick auf Juan und widmete sich dann wieder seiner Arbeit.

»Was ist?«, brummte er.

»Ich wollte fragen, ob Ihr noch eine helfende Hand gebrauchen könnt.«

»Danke, aber ich komme alleine mit der Ladung zurecht.« Er machte einen Haken auf der Liste und wandte sich einer Kiste zu.

»Ich suche auch keine Arbeit hier im Hafen.« Juan eilte hinter dem Mann her und packte ihn am Arm. »Ich möchte gerne Schiffsjunge werden.«

Der Mann blieb stehen und drehte sich zu Juan um. »Weißt du eigentlich, mit wem du redest?«

Juan schüttelte den Kopf.

»Mein Name Martín Alonso Pinzón.«

»Und ich heiße Juan Sebastián Elcano. Wenn Ihr mich nehmt, werdet Ihr es nicht bereuen.«

Pinzón machte ein Gesicht, als hätte der Junge den Verstand verloren. »Verschwinde von hier, sonst mache ich dir Beine!«, sagte er schließlich und stieß Juan beiseite. Doch so leicht ließ sich der Junge nicht abwimmeln.

»Bitte! Ich mag ja vielleicht schmächtig wirken, aber wenn es darauf ankommt, kann ich für zwei arbeiten!«

»Nein«, kam die barsche Antwort.

Juan stellte sich dem Mann in den Weg. »Ich bin folgsam und lerne schnell.«

»Nun, offensichtlich trifft weder das eine noch das andere auf dich zu, sonst würdest du mir nicht weiter auf die Nerven gehen. Und jetzt geh nach Hause!«

Juan verschränke die Arme vor der Brust und baute sich breitbeinig vor Pinzón auf. »Ich werde Euch erst vorbeilassen, wenn Ihr mich in Eure Mannschaft aufnehmt!«

Pinzón hob überrascht die Augenbrauen. Dann packte er Juan einfach beim Kragen, zerrte ihn zum Rand der Hafenmole und versetzte ihm einen Tritt, woraufhin er im hohen Bogen ins Wasser fiel. Prustend tauchte er auf.

»Wenn du so ein guter Seemann bist, wie du vorgibst, wirst du ja schwimmen können«, rief Pinzón. Die anderen Seeleute, die das Treiben von Bord der Karavelle* aus beobachtet hatten, brachen in brüllendes Gelächter aus. Juan bedachte sie mit einigen derben Verwünschungen, woraufhin die Männer nur noch lauter johlten.

Juan schwamm wütend zu einer steilen Treppe und kletterte tropfnass hinauf. Noch nie war er so gedemütigt worden. Er hatte die letzten Stufen erreicht, als ihm eine Hand entgegengestreckt wurde. Juan sah auf, konnte aber wegen der tief stehenden Sonne nicht das Gesicht des Mannes erkennen. Er schlug die dargebotene Hilfe aus und zog sich keuchend aus eigener Kraft auf die Mole.

* Kleines, schnelles, dreimastiges Segelschiff.

»Martín Alonso Pinzón ist ein harter Hund«, sagte der Mann.

»Ach wirklich?«, sagte Juan und zog sein Hemd aus, um es auszuwringen.

»Das muss er auch sein, denn er ist der größte Schiffseigner von Palos. Die Karavellen gehören ihm.« Der Mann setzte sich neben Juan, der ihn jetzt genauer musterte. Der Kleidung nach zu urteilen, war er eine höhergestellte Persönlichkeit. Die Schuhe waren aus weichem Leder gefertigt, die Hose wie Hemd und Jacke aus gefärbtem Leinen genäht. Allein der Gürtel, den dieser Mann trug, musste ein Vermögen gekostet haben.

»Wer seid Ihr?«, fragte Juan. »Ihr klingt nicht, als wäret Ihr ein Spanier.«

»Das stimmt. Ich komme aus Genua in Ligurien.«

»Aha«, machte Juan nur, der weder wusste, wo das eine noch das andere lag.

»Was wirst du jetzt tun?«, fragte der Genuese.

Juan zuckte mit den Schultern. »Ich werde es erneut versuchen. Immer wieder. Bis mich dieser Pinzón nimmt.«

»Warum?« Der Mann sah Juan ernst an.

»Ich bin für das Land nicht geschaffen«, sagte Juan hilflos. »Meine Familie ist froh, dass ich sie verlasse habe. Mein Vater hat mir sogar etwas von seinem Ersparten gegeben, nur damit ich nicht mehr zurückkehre.«

»Und alles wegen deiner Liebe zum Meer?«, fragte der Genuese.

»Ich würde es nicht gerade Liebe nennen. Es ist eher eine Sehnsucht. Ich möchte wissen, was sich hinter diesem Horizont verbirgt!« Juan deutete hinaus auf die See. »Ist es wahr, was man sich erzählt? Dass die Erde eine Kugel ist?«

»Man vermutet es. Bewiesen hat es noch niemand. Dazu müsste man die Welt erst umschiffen.«

Juan nickte bedächtig. »Ist das schon einmal gelungen?«

»Nein, noch nicht.«

»Dann will ich zu der Mannschaft gehören, die dieses Unternehmen einst wagen wird«, sagte Juan bestimmt.

Der Genuese lachte nicht. Stattdessen stand er auf. »Vielleicht wirst du das eines Tages, Juan Sebastián Elcano. Doch dazu musst du erst beweisen, ob dein Willen dazu genau so groß ist wie deine Abenteuerlust.« Ohne eine Antwort abzuwarten, ging der Genuese fort und verschwand in eine der schmalen Gassen, die Palos durchzogen.

Ein seltsamer Vogel, dachte Juan, der sich fragte, woher der Mann seinen Namen kannte. Wahrscheinlich war er Zeu-

ge der unerfreulichen Unterhaltung gewesen, die Juan mit Pinzón geführt hatte. Nun, sei es wie es sein mochte, Juan musste sich etwas einfallen lassen, wenn er an der Reise teilnehmen wollte, zu der die drei Schiffe bald aufbrachen. Es war ihm nicht auf ehrliche Weise gelungen, also musste er es anders wagen.

Juan wartete bis zum Einbruch der Dunkelheit, dann schlich er sich zu einigen Kisten, die noch in dem Bauch der größten Karavelle verstaut werden sollten. Er war wendig und geschickt. So bemerkte keiner der Männer, die die Ladung bewachten, wie ein klein gewachsener Bursche lautlos eine der Kisten öffnete und ihren Inhalt unter einem Fischernetz verbarg, nur um selbst den nun frei gewordenen Platz einzunehmen.

Menschen, die unter Platzangst litten, hätten wohl keine Minute in diesem engen Behältnis ertragen, doch Juan war wie berauscht von dem Geruch nach Teer und Salzwasser, den das Holz verströmte. Nicht oft kam es vor, dass ihn ein Duft in eine andere Welt versetzen konnte, abgesehen einmal von Großmutters mit Honig versetzter Mamia*. Aber dieser Ge-

* Schafsmilchprodukt

ruch hier trug ihn augenblicklich hinaus auf die hohe See und ließ das Fernweh auflodern wie das Licht einer Kerze, die auf einmal genügend Luft zum Atmen bekommt.

Juan versuchte sich vorzustellen, wie er sich im Kampf gegen heftige Stürme behauptete, unbekannte Eilande entdeckte und mit den Seejungfrauen, die es mit Sicherheit gab, um die Wette schwamm. Fast glaubte er schon, das Auf und Ab der Wogen unter sich zu spüren, als er merkte, dass sich die Kiste tatsächlich bewegte. Dann, nach einem Moment des Schwebens, fiel er. Für einen kurzen Moment glaubte er, dass es kein Oben und Unten mehr gab. Dann schlug er hart auf.

Bevor Juan genau wusste, was geschehen war, wurde der Deckel aufgerissen. Das Gesicht, in das er starrte, war ihm vertraut, obwohl es nun wutverzerrt war.

»Raus mit dir!«, rief Pinzón. Er riss den Jungen bei seinen Ohren aus seinem Versteck. Juan schrie auf und packte Pinzón bei den Handgelenken, damit er losließ. Doch genauso gut hätte er versuchen können, zwei Ofenrohre zu umgreifen. Juans Beine zappelten in der Luft, die Füße suchten verzweifelt nach festem Grund.

»Lasst mich los!«, schrie er. »Ihr tut mir weh!«

»Das ist auch meine Absicht. Offensichtlich kann dir nur der Schmerz zur Einsicht verhelfen, dass du hier an Bord nichts verloren hast«, fuhr ihn Pinzón an. Juan hielt sich verzweifelt an den Armen des Mannes fest. Er wusste, dass er seine Ohren verlieren würde, wenn er losließ. Stattdessen trat er wild um sich und traf den kräftigen Mann an seiner empfindlichsten Stelle. Pinzón ließ augenblicklich los. Seine Augen schienen aus den Höhlen treten zu wollen. Das Gesicht bekam eine ungesunde graue Farbe, dann kippte der Kapitän der Karavelle langsam und mit einem leisen Gurgeln um.

Bevor die anderen Männer überhaupt verstanden, was gerade geschehen war, sprang Juan auf die Reling, denn der Weg zum Landungssteg war ihm versperrt. Mit einem beherzten Sprung tauchte er ins Hafenbecken. Er befürchtete schon, dass ihm der eine oder andere Seemann gefolgt war, aber das war glücklicherweise nicht der Fall. Stattdessen beugten sich einige von ihnen über die Reling, und Juan konnte schwören, dass der eine oder andere von ihnen ein Grinsen nur schwer unterdrücken konnte. Doch vielleicht spielte ihm auch das flackernde Licht der Sturmlampen, die das Deck leidlich erhellten, einen Streich. Mit einigen schnellen Zügen schwamm er zur Mole zurück. Er war gerade aus dem Wasser geklettert, als er Pinzóns krächzende Stimme hörte.

»Du verdammter kleiner *capio*!«, schrie der Mann. »Wenn ich dich erwische, landest du im Kerker. Und da werde ich dich verschimmeln lassen, hörst du? Du wirst noch lernen, was es heißt, sich mit einem Pinzón anzulegen!«

Juan rappelte sich mühsam auf und taumelte wie ein geprügelter Hund davon. Sein Kopf schmerzte, als wäre er in ein Schmiedwerk geraten, und er fror in seiner nassen Kleidung, denn die Nacht war kühl geworden. Doch das scherte ihn wenig. Er musste sich einen neuen Plan zurechtlegen, sonst konnte er seinen Traum von der Seefahrt begraben.

Juan versteckte sich in einer Scheune etwas außerhalb der Stadt und dachte angestrengt nach. Dieser Pinzón war nun gewarnt, und Juan zweifelte nicht daran, dass der Kapitän der Karavelle ihn das nächste Mal tatsächlich den Behörden überstellen würde. Er wusste, was mit Burschen wie ihm geschah, wenn man sie einmal aufgriff. Landstreicher und Tunichtgute verschwanden sehr schnell auf Nimmerwiedersehen in einem muffigen Verließ. Waren sie erst einmal im Gefängnis, konnten sie aus eigener Kraft keine Mittel mehr aufbringen, um sich aus der Haft freizukaufen.

Dieser Pinzón sah aus wie jemand, der in Fragen der Ehre keinen Spaß verstand. Die Drohung, Juan in den Kerker zu werfen, würde er zweifellos wahr machen. So oder so musste Juan nach diesem Vorfall Palos den Rücken kehren, denn spätestens morgen würde jeder nach ihm Ausschau halten.

Juan dachte nach. Drei Schiffe lagen vor Anker. Wer sagte denn, dass er ausgerechnet die Karavelle des Grobians nehmen musste? Auf den beiden kleineren Schiffen gab es bestimmt auch Platz für ihn. Und andere Kommandanten, die bestimmt froh waren, wenn er ihnen seine Hilfe anbot. Vielleicht sollte er es dort versuchen. Schließlich konnte der Kerl ja nicht überall seine Augen haben. Verdammt, er musste diese Stadt verlassen, dieses Land, diesen Kontinent. Was Juan suchte, war eine neue Welt, und die fand er ganz bestimmt nicht in den Gassen einer verkommenen Hafenstadt.

Es war sein letzter Versuch. Morgen würden die Schiffe auslaufen und zu einer Reise aufbrechen, die noch nie ein Mensch zuvor unternommen hatte und deswegen seit Wochen Stadtgespräch war. Juan musste einfach dabei sein, und diesmal stellte er es anders an. Zweimal war er im Wasser gelandet. Nun, wenn dies der Weg war, der ihn zu seinem Glück bringen sollte, dann wollte er sich ihm nicht verweigern.

Juan wartete, bis der Mond hinter den Wolken verschwunden war, dann verließ er sein Versteck. Palos war zu dieser Zeit eine schlafende Stadt, in der Nachtwächter, die paarweise durch die Gassen patrouillierten, dafür sorgten, dass die Ruhe auch nicht gestört wurde. Immer wieder musste er einen Umweg nehmen, bis er schließlich den Hafen erreichte.

Die Nacht war bald zu Ende, der Morgen würde in zwei Stunden heraufziehen. Trotzdem war die Wache vor dem dritten, dem kleinsten Schiff eingeschlafen, was die Sache für Juan um einiges erleichterte. Langsam, ohne dabei ein Geräusch zu verursachen, ließ er sich ins Wasser gleiten. Vorsichtig schwamm er zur vom Land abgewandten Backbordseite, wo er einen Moment innehielt. Nichts war zu hören. Nur ein Hund bellte irgendwo weit entfernt. Juan wartete noch eine Minute, und dann kletterte er den Rumpf hinauf, wobei ihm die außen angebrachten Verstrebungen genügend Halt gaben.

Das Deck der Karavelle war leer. Niemand schien an Bord zu sein. Vermutlich verbrachte die Mannschaft den letzten Abend an Land in einem weichen Bett und nicht in einer Hängematte. Behutsam schlich er zum Vorschiff, wo im Kabelgatt* Werkzeuge und Ersatzsegel gelagert wurden. Juan triumphierte. Er hatte es geschafft! Bis sich das Schiff auf hoher See befand, würde er sich hier verstecken. Und obwohl

er aufgeregt wie noch nie in seinem Leben war, kroch er unter eines der Segel und schlief bald selig ein.

Geweckt wurde er jedoch auf eine höchst unsanfte Art. Jemand packte ihn beim Hemd und riss ihn hoch.

»Schön, dass du den Mut gefunden hast, dich doch noch auf eines meiner Schiffe zu schleichen«, zischte ihn eine Stimme an. »Aber leider befinden wir uns noch nicht auf hoher See, sonst wäre es mir eine Freude gewesen, dich als blinden Passagier einfach über Bord zu werfen. Deswegen bin ich leider gezwungen, mein Versprechen einzuhalten.«

Er zerrte Juan aufs Deck des Schiffes und pfiff auf seinen Fingern. In kürzester Zeit standen zwei Stadtsoldaten mit Hellebarde** am Fallreep*** und salutierten.

»Werft den Burschen in den Kerker!«, rief Pinzón. »Und wenn ihr aus Versehen den Schlüssel verliert, ist es auch nicht schade.« Er drehte Juan den Arm auf den Rücken und zwang ihn so, vorauszugehen.

»Einen Moment«, rief eine Stimme. Alle drehten sich zu

* Schiffslagerraum
** Stangenwaffe
*** Strickleiter oder Treppe auf das Schiff

einem Mann um, der nun aus dem Schatten trat, den das erste Schiff auf die Mole warf. Obwohl nur wenige Lampen brannten, erkannte Juan die Gestalt augenblicklich wieder.

»Der Genuese!«, sagte Juan überrascht.

Pinzón stöhnte auf. »Ihr schon wieder! Was wollt Ihr denn?«

»Von meinem Recht als Leiter der Expedition Gebrauch machen«, sagte der Mann.

»Die ich finanziere«, rief Pinzón.

»Ihr seid aber nicht die Königin, die mich beauftragt, den Seeweg nach Indien zu finden«, schnitt ihm der Genuese das Wort ab. Dann wandte er sich an Juan. »Dreimal hast du nun versucht, einen Platz als Schiffsjunge zu finden. Dreimal hat man dich abgewiesen. Was für eine Lehre ziehst du daraus?«

»Dass ich es ein viertes Mal versuche. Und wenn es sein muss, ein fünftes Mal. Oder ein sechstes Mal. Bis mein Traum in Erfüllung geht«, sagte Juan bestimmt.

»Warum?«, fragte der Genuese.

»Weil es meine Bestimmung ist. Ich bin für die Seefahrt geboren. Ich will die Welt erkunden. Und ich suche das Abenteuer!«

Der Mann drehte sich zu dem Kapitän um. »Hört Ihr, Pinzón? Das ist ein Bursche nach meinem Geschmack. Erinnert Ihr Euch daran, auch einmal solch eine Begeisterung verspürt zu haben? Oder klimpert an der Stelle, an der sonst Euer Herz schlägt, nur noch ein Geldbeutel? Der Junge kommt mit. Ich mache ihn zu meinem persönlichen Schiffsjungen.«

Pinzóns Mund klappte auf und dann wieder zu. Seine Mannschaft klatschte keinen Beifall, das hätte sie nie gewagt. Aber in den Gesichtern der Männer konnte Juan sehen, dass sie es gerne getan hätten.

Der Genuese legte eine Hand auf Juans Schulter und lächelte ihn an. »Du hast mich zutiefst beeindruckt. Nicht wenige hätten schon beim ersten Mal aufgegeben. Pinzón kann manchmal ein sehr unangenehmer Mann sein, der es liebt, wenn man Angst vor ihm hat. Aber Angst ist nicht mit Respekt gleichzusetzen. Respekt muss man sich verdienen. So wie du ihn dir heute verdient hast, Juan Sebastián Elcano. Ich sage dir, dich erwartet noch eine große Zukunft!«

»Ich weiß nicht, wie ich Euch danken soll, Señor«, stotterte Juan. »Ich kenne noch nicht einmal Euren Namen!«

»Oh, wie unhöflich von mir. Da treten wir heute gemeinsam eine solch lange Reise an und ich habe mich noch nicht einmal vorgestellt«, sagte der Mann und verneigte sich lächelnd. »Mein Name ist Columbus. Christoph Columbus.«

Irma Krauß

Freier Fall

Lutsch und ich beschlossen, in den Ferien im Wald zu leben. Unsere Mütter waren – typisch Mütter – nicht begeistert von dieser Idee, aber das war ihr Problem, nicht unseres. Sie würden sich schon gegenseitig trösten, sagten wir uns. Wir packten unsere Satteltaschen und schnallten den Zeltsack und den Klappspaten auf unsere Gepäckträger. So fuhren wir los, Richtung Finsterwald.

Es war in dem Sommer, in dem Diebe den goldenen Wetterhahn vom Rathausdach geklaut hatten.

»Guck«, sagte Lutsch, als wir am Rathaus vorbeistrampelten.

Ich schaute hinauf und grinste. Jeder sah hinauf, es war ein Dauerspaß.

War aber auch zu komisch gewesen. Zuerst brachten sie ein Riesenbild vom neuen Wetterhahn in der Zeitung, sauber am Kran vorbeifotografiert. Einen Tag später – ein Bild vom leeren Dach.

Der Kran konnte es nicht gewesen sein, den hatte man noch am selben Tag wieder abgebaut.

Die ganze Stadt rätselte. In der Schule redeten wir auch von nichts anderem. Höchstens noch von den Ferien.

Die Polizei fand dann Spuren im Glockentürmchen. Einen zerkratzten Fensterrahmen, als wären die Diebe dort ausgestiegen. Was aber bedeutet hätte, dass sie bis zum anderen Ende des Daches auf dem First hätten balancieren müssen, und wer konnte das schon.

Lutsch und ich zerbrachen uns inzwischen nicht mehr den Kopf darüber, die Ferien hatten Vorrang. Und jetzt fuhren wir sowieso zur Stadt hinaus.

Etwas abseits der Straße nach Finsterwald liegt ein kleiner Sportflugplatz, den man über die Felder erreicht, wenn man den Schildern folgt. Wir sahen im Vorbeiradeln hinüber. Noch nichts los so früh am Morgen. Ein Sonntagmorgen. Später würden die Cessnas starten und vielleicht Rundflüge anbieten. So einen Rundflug hatte ich zum zwölften Geburtstag geschenkt bekommen. Lutsch freute sich schon auf seinen Geburtstag, der in die Ferien fallen würde, denn er hatte sich dasselbe gewünscht. Er wollte dann von oben unser Zelt orten.

Die Straße führte nun durch ein großes Waldgebiet. Wir bogen nach einiger Zeit in einen Forstweg ab, der für Autos und Motorräder gesperrt war.

»Freiheit!«, grölte Lutsch. Dann kippte er um, weil er vor Begeisterung den Lenker losgelassen hatte.

Er grölte erst wieder am Nachmittag, als wir nach langer Suche die passende Lichtung gefunden und das Zelt aufgebaut hatten. »Spaten her, jetzt geht's an die Latrine!«, brüllte er.

Eine Latrine ist ein Loch, das man gräbt und nach den Zeltferien wieder zuschippt, anstatt alle Tage hinter einen anderen Baum zu hocken und das Ergebnis liegen zu lassen. Lutsch suchte ein dichtes Gebüsch für die Latrine. Auf einmal kam er zurückgerannt.

»He, Knalli!«, schrie er.

So heiße ich zwar nicht, aber Lutsch rief mich so. Auch Knallkopf, wenn er komisch drauf war. Ich sagte dafür Lutsch zu ihm, obwohl er Lukas heißt. Oder Futsch.

Den Spaten hatte er im Gebüsch gelassen. Er zeigte mir sein Fundstück, eine Digitalkamera.

»Die ist hin«, sagte ich sofort. Die Kamera sah aus, als hätte sie jemand mit einem Pflasterstein bearbeitet.

»Das seh ich selber«, sagte Lutsch. »Aber wenn mich nicht alles täuscht, ist die Speicherkarte noch drin.«

»Wo? Wie? Das gibt's nicht. Wer entsorgt denn eine Kamera

und lässt die Karte drin«, meinte ich, sah nun aber doch lieber genauer hin.

Das Deckelchen war abgesprungen, und Lutsch hatte recht, die Karte steckte im Schlitz.

»Wer die Kamera entsorgt hat, hatte einen Grund dafür«, murmelte er, während er an der verklemmten Karte zog.

»Vorsicht«, sagte ich. »Gib!« Ich nahm ihm die Kamera aus der Hand und kriegte das Ding schließlich heraus. »Vor allem war er ein Idiot, Lutsch. Mein Vater hat einen Kartenleser, und ich weiß, wie man's macht.«

»Nach Hause, Knalli?«, sagte Lutsch, als wäre das nicht längst klar.

»Was denn sonst!« Ich schob die Speicherkarte in die Münztasche meiner Hose.

Wir ließen das Zelt stehen und warfen nur unser Zeug hinein. Die kaputte Kamera auch. Dann schwangen wir uns auf die Räder. Wir fuhren abwechselnd Windschatten, das brachte einen enormen Zeitgewinn; wer vorn war, gab sein Bestes, wer hinten fuhr, klebte praktisch am Gepäckträger des Vordermannes.

So schafften wir den Weg in einer knappen Stunde.

Bei mir zu Hause war keiner da, damit hatte ich gerechnet. Erhitzt stürmten wir ins Arbeitszimmer meines Vaters. Jetzt wünschte ich mir nur noch, dass die Karte nicht leer sein sollte. Ich schob sie in den Kartenleser und startete den Computer.

»Was ist denn mit deiner Flosse los«, sagte Lutsch, als der Mauszeiger ruckartig hin und her fuhr.

»Klappe«, raunzte ich und wischte mir die Hand an der Hose ab, ehe ich sie wieder auf die nervöse Maus legte.

Mit Herzklopfen beobachteten wir, was passierte.

Die Karte war *nicht* leer.

»Achtunddreißig Bilder!«, schrie ich.

»Achtunddreißig Bilder!«, schrie auch Lutsch. »Abspeichern!«

Ich speicherte meinen Schatz hastig, bevor er durch irgendeine Computerlaune am Ende verschwand. Dann öffnete ich das Bildbetrachtungsprogramm und klickte auf den Ordner. Die leeren Vierecke füllten sich nach und nach mit Bildchen. Wir sahen atemlos zu.

»Warum sind die so klein?«, beschwerte sich Lutsch und klebte mit der Nase am Bildschirm.

Ich klickte auf Diaschau. Das erste Motiv ploppte bildschirmfüllend auf.

Wir sahen ein dunkelhaariges Mädchen in Lederkluft vor

einem Motorrad.

»Scharfe Braut, was?«, konnte ich mir nicht verkneifen festzustellen.

Dann musste sich das Mädchen die Kamera geschnappt haben, denn wir sahen einen Typ. So einen würde man sich als großen Bruder wünschen, dachte ich sofort.

Auf einmal lachten Lutsch und ich auf. Der Wetterhahn! Da war er und warf Sonnenblitze vom Rathausdach. Den Kran sahen wir auch.

Lutsch raffte sich zu einer Erkenntnis auf. »Die Bilder sind genau zwei Wochen alt!« Große Leistung. Wo doch nur unsere ganze Klasse dabeigewesen war, als die Feuerwehr den Wetterhahn befestigt und der Bürgermeister seine Rede gehalten hatte.

Als Nächstes kam leider eine Serie schwarzer Fotos. Der Blitz musste versagt haben.

»Oooch!«, maulte Lutsch.

»Nachtaufnahmen, Lutsch, vermurkste«, sagte ich. »Zu dunkel. Futsch.«

Lutsch bezog das Futsch auf sich und schnappte ein. »Knallkopf«, sagte er und rückte ein Stück weg.

Schwarzes Bild. Und noch eins. Und noch eins.

Dann zuckten wir zusammen – der Blitz hatte funktioniert. Das Mädchen in Motorradkluft vor dem Nachthimmel. Sie ritt auf keiner Maschine, sondern auf Dachziegeln hoch über allen Dächern und hatte ein Seil um die Mitte.

Lutsch zog scharf die Luft ein. Ich auch. Wir schauten uns an und schauten das Bild an. Es war nicht zu fassen!

Danach kamen wieder missglückte Fotos in Schwarz.

»Die Kamera hätte ich auch weggeschmissen«, stöhnte Lutsch, »und mir eine bessere gekauft.«

»Blödsinn«, sagte ich und fiel in tiefes Grübeln.

Wer schoss denn *davon* Bilder, um sie ungesehen wegzuwerfen? Oder hatte der Typ die Fotos übertragen und die Speicherkarte nicht abgelöscht, weil sie noch nicht voll war? Und hatte ihm das Dachreiterbild einen solchen Schrecken eingejagt, dass er die Kamera wegschmiss, im tiefsten Wald? Es hätte doch genügt, die Karte zu löschen …

Ich teilte Lutsch meine wirren Gedanken mit.

Wahrscheinlich hatte er dieselben, denn er wurde verdrießlich.

»Wieso gucken wir uns eigentlich die Bilder von zwei Idioten an? In Wahrheit sind wir die Idioten!«

Das letzte Foto war nicht schwarz.

Lutsch fuhr zusammen, als ich schrie.

»Ich werd wahnsinnig!«

Auf dem letzten Foto sahen wir: eine Landschaft von oben, ein Schachbrett von Miniaturfeldern, -wäldern und -wiesen. Mitten drin baumelten vier Füße. Zwei kleinere, die von zwei größeren flankiert wurden. Sie hingen genau über der Schachbrettlandschaft.

»Was ist denn das?«, staunte Lutsch laut.

»Lutsch«, sagte ich feierlich. »Das ist der Augenblick, der dem anderen voranging.«

»Welchem anderen, du Knallkopf?«

»Dem Augenblick, in dem das Mädchen die Kamera fallen lässt«, sagte ich schlicht.

»Hä?«, machte Lutsch. Dann dämmerte ihm etwas. Aber von Begreifen war er noch weit entfernt.

»Und das dürfte zwei, drei Stunden her sein«, fügte ich – plötzlich überaus hellsichtig – hinzu. Ich schloss das Bildbetrachtungsprogramm, um mir die Daten anzusehen.

Das letzte Bild stammte von 13:20 Uhr. Heute.

Ich fuhr den Computer herunter und steckte die Speicherkarte wieder ein. »Lutsch«, sagte ich, »was hältst du davon, wenn ich einmal Detektiv werde?«

Statt einer Antwort schoss sich Lutsch mit dem Zeigefinger in den Kopf.

Dem würde ich es schon noch zeigen.

Wir leerten einen Krug Wasser, ignorierten unseren Hunger und radelten wie die Weltmeister zum Wald zurück. Warum wir es so eilig hatten, wusste Lutsch nicht. Schreiend teilte ich meine Erkenntnisse mit ihm.

Dann kamen wir auf den Forstweg und sahen die Maschine. Das Motorrad, das hier eigentlich überhaupt nicht zugelassen war, fuhr im Schritttempo. Wir holten es ein.

Der Typ, den ich mir als großen Bruder vorstellen konnte, setzte die Füße auf den Boden.

»Jungs?«

Wir blieben stehen. Mein Herz hämmerte um einiges lauter als der Motor.

»Habt ihr zufällig Zeit? Könnt ihr uns suchen helfen?«

Das Mädchen saß auch auf der Maschine. Sie beobachtete uns.

Lutsch und ich tauschten einen Blick, in dem von allem etwas lag: Aufregung, Ungewissheit, Angst. Schließlich gelang uns ein gemeinsames Nicken.

Der Motor ging aus, die beiden stiegen von der Maschine.

»Glaubst du wirklich, es war hier?«, fragte das Mädchen leise. »Es kann doch sonst wo …«

Der Typ raunte ihr zu: »Wir waren genau über dem Waldstück.« Zu uns gewandt sagte er: »Was habt ihr beiden denn so vor, im Wald?«

»Da hinten steht unser Zelt«, brachte ich heraus.

»Ach. In dem Fall solltet ihr tatsächlich Zeit haben, oder?«

»Kommt darauf an, was ihr sucht«, traute sich Lutsch zu sagen.

Das Mädchen gab sich einen kleinen Ruck. »Ich habe seine Kamera verloren«, sagte sie und schielte zu ihrem Freund hinüber.

Ich sah schnell zu Boden, um den Triumph in meinem Blick zu verbergen. Ich hatte absolut recht gehabt. Lutsch, hatte ich gesagt, es war ein Tandemsprung. Du siehst es an den vier Füßen; ihre beiden sind in der Bildmitte, und er hat seine von hinten vorgereckt, sie hatte die Kamera, und er war der Pilot, der den Fallschirm bediente. Genau das hatte ich gesagt.

Ein Tandemsprung war mein Traum, seit ich einmal zugesehen hatte. Aber man musste sechzehn sein.

Ich entschloss mich und blickte dem Typ in die Augen. Mein Mund war ziemlich trocken. Ich sammelte Spucke und Mut, um einen Vorschlag zu machen. »Wenn ich die Kamera finde, kriege ich dann in vier Jahren einen Tandemsprung?«

Er starrte mich entgeistert an. »Woher weißt du, dass ich Tandempilot bin? Kennst du mich vielleicht?«

Ich zuckte unbestimmt die Achseln.

»So viel ist die Kamera gar nicht wert«, sagte er schnell. »Ein Tandemsprung kostet ein Vermögen.«

»Aber die Bilder sind's wert«, sagte ich.

»Welche Bilder?«

»Die, die in der Kamera waren.«

Lutsch stieß einen Warnton aus.

Aber da hatte mich der Typ schon am Kragen gepackt.

Das Mädchen schrie auf. »Stefan, nicht!«

»Scheiße«, sagte Stefan und ließ mich nach einem langen Augenblick, in dem ich sein Gesicht aus nächster Nähe sah, wieder los. Er atmete hörbar. Dann bückte er sich und hob mein umgestürztes Rad auf. Er umklammerte Sattel und Lenker und zischte: »Was weißt du von mir?«

Er sah aus, wie ein großer Bruder aussehen musste. Ein großer Bruder war auch jemand, vor dem man gelegentlich Angst hatte.

»Das«, sagte ich und griff in meine Münztasche.

Die Speicherkarte lag auf meiner Hand. Stefan blickte ungläubig auf sie nieder.

»Die gehört euch«, sagte ich unnötigerweise.

»Ihr habt die Kamera gefunden?«

Ich nickte.

»Sie ist hin«, mischte sich Lutsch ein.

Stefan beachtete ihn nicht. »Wer weiß davon?« Er sprach präzise und mit klarer, harter Stimme.

Ich überlegte schnell; Stefan konnte mit seiner Frage nicht Lutsch gemeint haben. »Mein Computer«, log ich. Es war auf keinen Fall *mein* Computer. Aber das Problem konnte ich lösen, mit meinem Vater war zu reden.

Das Mädchen begriff es anscheinend erst jetzt. »Ihr habt die Kamera schon gefunden?«, rief sie aus.

»Ich«, sagte Lutsch.

»Er«, bestätigte ich, erleichtert, weil es gut gegangen war.

Stefan streckte seine Hand aus.

Ich legte die Karte hinein.

»Ich habe die Bilder nur im Sucher gesehen«, sagte er und entspannte sich ein wenig. »Wie sind sie geworden?«

»Die Nachtaufnahmen kannst du vergessen.«

»Nacktaufnahmen?«, rief das Mädchen.

»*Nacht*aufnahmen«, berichtigte ich. »Es war zu dunkel. Der Blitz hat versagt.«

Stefan schloss für einen Moment die Augen. Als er sie wieder öffnete, sagte er: »Aber *ein* Bild, glaube ich …«

»Ja«, sagte ich. »Auf einem erkennt man etwas.«

»Und was?«, fragte er mit schmalen Augen.

»Genügend«, antwortete ich. Ich hielt seinem Blick stand und dachte an den Tandemsprung; der würde auch Mut erfordern, mindestens 40 Sekunden freier Fall bei 200 Stundenkilometern, erst dann würde sich der Schirm öffnen.

»Es war ein Jux …«, sagte Stefan.

»Das ist mir klar. Von uns erfährt es auch keiner.«

Lutsch hob bei meinen Worten die Schwurhand.

Stefan schüttelte stumm den Kopf. Dann fing er irgendwie zu grinsen an. »Also gut«, sagte er. »Wir wollten den goldenen Vogel sowieso zurückbringen. Wir stellen ihn heute Nacht vors Rathaus. Du kriegst in vier Jahren deinen Tandemsprung. Aber du löschst die Bilder von deinem Computer!«

Jetzt war ich es, der die Schwurhand hob.

»Du machst es sofort?«

»Ich mach's sofort.« Damit wendete ich auch schon mein Rad.

»Halt«, sagte Lutsch. »Und ich?«

»Willst du vielleicht auch einen Tandemsprung?«

»Logisch«, sagte Lutsch.

Stefan kritzelte eine Nummer in sein Notizbuch. Er riss die Seite heraus und gab sie Lutsch.

»Ruft mich an, wenn ihr so weit seid.«

Das Mädchen grinste plötzlich hinterhältig. »Jungs, er kann euch ausklinken. Damit hat er mir jedenfalls gedroht. Dann dauert der freie Fall ein paar Sekunden länger …«

Vier Jahre sind vergangen seit dem Sommer, in dem der Wetterhahn auf einmal auf den Stufen der Rathaustreppe stand. Lutsch, der fast einen Kopf größer geworden ist als ich, hat letzte Woche die Telefonnummer auf dem Zettel angerufen. Er ist heute als Erster gesprungen. Jetzt steige ich in den Anzug. Stefan hat den Schirm schon neu gefaltet. Er ist übrigens inzwischen Doktor an unserem Krankenhaus. Das Mädchen ist auch Doktor. In der Luftrettung.

Lutsch hockt am Boden und stiert unentwegt auf die Bretterritzen unter seinen Knien, wo sich ein paar Ameisen tummeln. Der freie Fall muss seinem Hirn nicht gut getan haben.

Für Armin B., meinen Tandemmaster vom 22. Juni 2008.

Joachim Friedrich

Das Pfarrfest

Tina und ihre Eltern hatten nachts durchfahren wollen. »Die achthundert Kilometer schaffe ich auf einer Backe«, hatte Papa angegeben. »Wenn ich erst in Italien in der Sonne liege, habe ich die Strapazen schnell vergessen.«

Doch in den Bergen waren sie in ein Unwetter geraten. Noch nie hatte Tina ein schlimmeres Gewitter erlebt. Es blitzte unaufhörlich, und das Donnern folgte dicht aufeinander, bis nur noch ein bedrohliches Grollen zu hören war. Gegen den Regen, der wie aus Eimern schüttete, hatten die Scheibenwischer keine Chance.

Seit das Unwetter begonnen hatte, fuhren sie allein auf der stockfinsteren Straße. Nicht eine Menschenseele war zu sehen.

»Wie leer es plötzlich ist«, sagte Mama. »Irgendwie ist das unheimlich, findest du nicht auch, Werner?«

»Unheimlich ist nur, dass ich bald nicht mehr sehe, wohin ich fahre«, knurrte Papa.

Tina wusste, dass es besser war, ihn jetzt nicht anzusprechen. Wenn er gereizt war, konnte man nicht mit ihm reden, ohne dass er gleich wütend wurde. Das war aber nicht schlimm, denn Tina fand auch, dass es sehr unheimlich war – und sie genoss es. Sie stellte sich vor, dass in den finsteren Wäldern links und rechts der Straße viele unheimliche Gestalten hausten und dort ihr Unwesen trieben, so, wie sie es in ihren Gruselbüchern gelesen hatte. Tina mochte Gruselgeschichten sehr. Zu Hause in ihrem Bücherregal stand eine ganze Sammlung davon.

Gerade stellte sie sich vor, dass der Geist eines unschuldig Gehenkten vor ihnen auftauchte, da riss Papa sie aus ihren schaurig schönen Gedanken. »Mir reicht es jetzt. Bei der nächsten Möglichkeit halten wir an und übernachten. Selbst wenn es die letzte Bruchbude sein sollte. Das ist mir völlig egal.«

Kaum hatte er das gesagt, so als hätte er eine Vorahnung gehabt, erkannten sie im Scheinwerferlicht ein Haus. Es lag hinter einer scharfen Kurve. Wenn sie nicht so langsam gefahren wären, hätten sie es sicher übersehen. Papa hatte auch sonst recht gehabt, fand Tina. Es war eine Bruchbude, windschief, mit altmodischen Erkern und Türmchen verziert. Aus der durchgerosteten Dachrinne schoss das Wasser in alle Himmelsrichtungen, und die Fensterläden klapperten bedenklich im Wind. Über der Tür hing ein verwittertes Schild. »Gasthof« konnte Tina mit viel Mühe entziffern.

Obwohl sie nur wenige Meter vom Auto in die rettende Eingangshalle laufen mussten, waren sie vollkommen durchnässt. Von innen sah der Gasthof fast noch schlimmer aus. Die Dielen knarrten, die Teppiche hatten wahrscheinlich seit Jahren keinen Staubsauger mehr gesehen, und von der Decke hingen die Spinnweben in dicken grauen Schleiern. Tina hatte sich gleich in das alte Gemäuer verliebt. Das war genau der Schauplatz für eine schöne Gruselgeschichte.

Tinas Papa suchte an der Rezeption vergeblich nach einer Glocke. »Hallo!«, rief er. »Ist hier jemand?«

Nach einer kleinen Weile hörten sie schlurfende Schritte. Ein speckiger Vorhang an der Seite der Rezeption wurde beiseitegezogen und eine alte Frau erschien.

Wenn das keine Hexe ist, dachte Tina, dann gibt es keine Hexen.

»Sie wünschen?«, krächzte die Alte.

Sogar die Stimme passt, dachte Tina wieder.

»Wir hätten gern ein Zimmer für eine Nacht«, antwortete Tinas Papa.

»Das ist leider nicht möglich, gnädiger Herr.«

»Warum nicht?«

»Wir sind voll belegt. Es ist Pfarrfest im Dorf. Das ist sehr berühmt, und eine lange Tradition hat es auch. Drum kommen viele Fremde in diesen Tagen.«

»Haben Sie denn überhaupt nichts mehr frei? Es muss nicht komfortabel sein. Nur ein Bett, das genügt«, bettelte Tinas Mama.

»Ein Einzelzimmer hätte ich nur noch. Darin können Sie nicht mit drei Personen schlafen. Das Bett ist zwar nicht klein, doch es reicht nur für zwei.«

»Das ist wirklich alles?«

Die Hexe, wie Tina sie schon insgeheim nannte, wiegte ihren Kopf hin und her. »Nun, eine kleine Kammer hätte ich noch. Darin steht ein Kinderbett. Aber …«

»Das geht doch!«, rief Tinas Papa. »Meine Frau und ich nehmen das Einzelzimmer. Meine Tochter schläft in der Kammer.«

»Ich weiß nicht, ob das der Kleinen gefallen wird, gnädiger Herr.«

»Warum nicht?«, rief Tina.

»Es ist, wie soll ich sagen, etwas unheimlich. Wir glauben, dass es darin spukt. Mein Mann, Gott hab ihn selig, hat darin einen Geist gesehen. Dem Herrn Pfarrer hat er es auf dem Sterbebett erzählt.«

Die Alte erhob den Blick zum Himmel und bekreuzigte sich.

Tina lief ein eiskalter Schauer über den Rücken. Gleichzeitig hätte sie am liebsten laut gejubelt. Ein richtiges Spukzimmer! Das hatte sie sich immer schon gewünscht.

»Ich weiß nicht«, sagte Tinas Mama zu ihrem Mann, »sollen wir nicht doch weiterfahren?«

»Nein, beim besten Willen nicht. Ich habe Angst, dass ich euch vor den nächsten Baum fahre.«

»Mir macht es nichts aus, in der Kammer zu übernachten!«, rief Tina schnell, bevor ihre Mama ihr noch den Spaß verdarb.

»Na gut, meinetwegen. Dann machen wir es halt so.«

Die Alte nickte. »Sie sind der Gast, gnädiger Herr. Nur schelten Sie mich später nicht, dass ich Sie nicht gewarnt hätte.«

Tinas Papa schüttelte sich, als wollte er die Gedanken an Spuk und Geister vertreiben. »Könnten wir bitte noch etwas zu essen haben? Ich habe einen Bärenhunger.«

Wieder schüttelte die Hexe ihren Kopf. »Tut mir leid, gnädiger Herr. Unsere Köchin ist schon lang fort.«

Tinas Papa seufzte.

»Auf dem Pfarrfest bekommen Sie noch etwas«, sagte die Alte mit einem Lächeln, als sie sein trauriges Gesicht sah. »Unser Knecht wird Sie fahren.«

»Bei dem Wetter?«, fragte Tinas Mama.

»Das macht ihm nichts, wenn er nur eine Gelegenheit sieht, auf einen Schoppen Wein ins Dorf zu kommen.«

»Ich will aber nicht mit!«, rief Tina. »Ich möchte ins Bett. Ihr könnt ruhig gehen. Das macht mir nichts aus.«

Ihre Eltern sahen sie ungläubig an. Sie konnten nicht wissen, dass Tina es kaum abwarten konnte, in das Spukzimmer zu kommen, sich unter der Bettdecke zu verkriechen und in dem Gruselbuch zu lesen, das sie mitgenommen hatte.

Ihre Eltern waren einverstanden. Wahrscheinlich waren sie zu müde und zu hungrig, um sich mit ihrer Tochter zu streiten.

Die Gruselkammer war so, wie Tina sie sich vorgestellt hatte. Sie lag gleich unter dem Dach, hatte eine undichte Fensterluke, durch die der Wind heulte, und war vollgestopft mit altmodischen Möbeln. Sogar einen ausgestopften Uhu gab es.

Das Kinderbett, das die Alte mit frisch gestärkter Wäsche bezogen hatte, war uralt. Tinas Mama schüttelte nur den Kopf, als Tina ihr sagte, dass sie es gemütlich fand. Das Schönste aber war das riesige Federbett, unter das sie sich verkriechen wollte, wenn sie in ihrem Buch schmökerte.

Tina hatte schon ihr Nachthemd angezogen, als ihre Eltern noch einmal hereinkamen, um sich zu verabschieden. Sie erzählten ihr, dass der Knecht schon ungeduldig auf sie wartete. Einen wahren Freudentanz hätte er aufgeführt, als er gehört hatte, dass er noch einmal zum Pfarrfest durfte. Sie gaben ihr einen Abschiedskuss, und fort waren sie.

Tina hatte sich vorgestellt, dass sie in der Gruselkammer lag, eingekuschelt in einem Gruselbett, und Gruselgeschichten las, während draußen der Sturm heulte und der Regen gegen die Fenster klatschte. Und genau so, wie sie es sich vorgestellt hatte, war es auch.

Trotzdem war sie schneller über ihrem Buch eingeschlafen, als sie es sich gewünscht hatte. Eine Urlaubsfahrt ist schließlich eine anstrengende Sache. Als sie aufwachte, dauerte es einen Augenblick, bevor sie wusste, wo sie sich befand. Es war noch dunkel, aber es hatte aufgehört zu regnen. Durch die Dachluke konnte sie den Mond sehen. Sie wäre vor Schreck fast aus dem Bett gesprungen, als plötzlich etwas Weiches ihr Bein berührte. Sie drehte sich um, und erschrak noch einmal. Da lag noch jemand in ihrem Bett!

Tina hielt den Atem an, als hoffte sie, ihr unbekannter Bettgenosse würde sie nicht bemerken.

»Das wurde aber auch Zeit. Ich dachte, du wachst überhaupt nicht mehr auf.«

Das Stimmchen, das da neben Tina flüsterte, war so dünn und leise, dass gleich ein Teil ihrer Angst verschwand und sie sich das Wesen genauer betrachtete, soweit es das schwache Mondlicht zuließ. Es war ein Mädchen, das etwa so alt wie sie selbst sein musste. Es war sehr blass. Aber das konnte auch an dem Mondlicht liegen, dachte Tina.

»Wer bist du denn?«, fragte sie und wunderte sich, dass sie überhaupt etwas sagen konnte.

»Ich heiße Maria«, sagte das Mädchen mit einem österreichischen Dialekt. »Maria Schönleitner. Und du?«

»Tina Berger.«

Das Mädchen lachte. Es war ein seltsames Lachen, sehr leise und hoch. Tina schauderte.

»Warum lachst du?«

»Tina. Das ist ein komischer Name. Findest du nicht? Ich habe ihn noch nie vorher gehört.«

»Tatsache? Bei uns gibt es den öfter. In meiner Klasse haben wir außer mir noch zwei Tinas.«

»Wo kommst du denn her?«

»Aus Deutschland. Wir wollen in Italien Urlaub machen.«

Maria riss die Augen weit auf. »Italien! So reich seid ihr?«

Tina antwortete ihr nicht. Es war ihr peinlich. Maria musste sehr arm sein. Nach Italien in den Urlaub zu fahren, war wirklich nichts Besonderes, vor allem wenn sie daran dachte, wo einige ihrer Schulfreundinnen ihre Ferien verbrachten.

»Machst du hier Urlaub?«, fragte Tina.

Wieder lachte Maria dieses schaurige Lachen. »Oh, nein. Ich bin mit meinen Eltern hier. Mein Vater will auf das Fest.«

»Auf dieses Pfarrfest?«, unterbrach Tina sie. »Da sind meine Eltern auch.«

»Mein Vater geht in jedem Jahr dorthin. Meine Mutter und mich nimmt er mit.«

»Warum haben sie dich dann hier im Gasthof gelassen?«

»Weil ich krank bin. Zuerst war ich sehr traurig und habe mich einsam gefühlt, weil sich niemand um mich kümmert. Aber jetzt bist du ja da.«

Wieder berührte etwas Weiches Tinas Beine. Es waren Marias Füße.

»Mein Gott!«, rief Tina. »Hast du kalte Füße! Frierst du?«

»Zuerst ja, aber jetzt nicht mehr. Du bist so schön warm. Ich bin schrecklich erkältet, weißt du. Da friert man halt schnell.«

»Warum bist du überhaupt mitgekommen, wenn du so krank bist?«

»Weil meine Mutter mich darum gebeten hat. Sie wollte Vater die Freude nicht verderben. Es ist die einzige, die er das Jahr über hat, sagt sie immer. Die dürften wir ihm nicht nehmen, so schwer wie er arbeiten muss.«

»Wo wohnt ihr denn?«, wollte Tina wissen.

»Oh, das ist ein langer Weg. Wir sind morgens früh aufgebrochen und waren hier, als es schon dunkel war.«

»So lange seid ihr gefahren?« Tina konnte sich das nicht vorstellen. So weit konnte Österreich nicht entfernt sein. »Höchstens eine halbe Stunde bis zur Grenze«, hatte Papa gesagt, als sie noch im Auto saßen.

»Gefahren?« Wieder lachte Maria. »Nein, dazu haben wir nicht genug Geld. Wir sind zu Fuß gekommen.«

Sie hatten also noch nicht einmal ein Auto! Nun wusste Tina sicher, dass es sehr arme Leute sein mussten. Und Maria hatte, so krank wie sie war, zu Fuß durch dieses Unwetter gehen müssen. Sie nahm sich vor, sehr nett zu dem blassen Mädchen zu sein.

»Soll ich dir eine Gespenstergeschichte erzählen?«, schlug sie vor.

Maria machte große Augen. »Gespenstergeschichte? Was ist das?«

Tina war sicher, dass Maria aus einem kleinen Dorf kam, in dem man nicht viel von der Welt wusste. »Ich kann dir ja eine erzählen. Dann weißt du, was das ist.«

»Oh, ja, gerne«, strahlte Maria. »Wir beide sind zusammen, und du erzählst mir Geschichten. Du bleibst immer bei mir, nicht wahr?«

Tina nickte. Das war zwar gelogen, weil sie ja am nächsten Morgen ihre Urlaubsfahrt fortsetzen würden, aber sie hatte sich ja vorgenommen, nett zu Maria zu sein.

Sie suchte für ihre neue Freundin die schönste Geistergeschichte aus, die sie kannte. Maria war begeistert. Sie wollte gleich noch eine Geschichte hören, und dann noch eine und noch eine. Tina erzählte und erzählte. Es machte ihr Spaß, denn sie mochte diese Geschichten selber gern. Außerdem freute sie sich, dass Maria Spaß daran hatte. Wenn jemand be-

geistert zuhört, ist das Geschichtenerzählen doppelt so schön. Trotzdem wurde Tinas Kehle vom vielen Reden trocken. Sie hätte sich zu gerne ein Glas Wasser geholt. Dazu musste sie aber auf den Flur hinaus. Es gab nur einen Waschraum für die ganze Etage.

»Nein, bitte geh nicht. Nur noch eine Geschichte«, bettelte Maria. Also erzählte Tina noch eine Gespenstergeschichte.

Doch dann hielt sie es nicht mehr aus. Als Maria einen Augenblick lang unaufmerksam war, schlüpfte sie aus dem Bett. Maria rief zwar noch hinter ihr her, aber da war sie schon aus dem Zimmer.

Im Waschraum ließ sie das Wasser erst gar nicht in ein Glas laufen. Sie hielt gleich den Mund unter den Wasserkran. Das tat gut! Sie wollte sich noch ein Glas als Vorrat mit in ihr Zimmer nehmen. Doch wo waren die Gläser? Sie musste eine Weile in den Schränken danach suchen. Endlich hatte sie sie gefunden. In dem Augenblick, als sie eins aus dem Schrank nehmen wollte, schlug eine Turmuhr. Das Fenster stand offen, und die Kirche, oder was es auch immer war, konnte nicht weit entfernt sein. Das Läuten war jedenfalls so laut, dass Tina vor Schreck beinahe das Glas fallen ließ. Sie zählte mit:

eins, zwei, drei, vier, fünf, sechs, sieben, acht, neun, zehn, elf, zwölf. Mitternacht! Tina erschrak noch einmal.

So spät war es schon. Sie merkte plötzlich, wie müde sie war.

Sie nahm sich fest vor, Maria zu sagen, dass sie ihr höchstens noch eine Geschichte erzählen und dann schlafen wollte.

Sie konnte es nicht. Als sie in ihr Zimmer kam, war das Bett leer. Wahrscheinlich war Maria böse darüber gewesen, dass sie sich aus dem Zimmer geschlichen hatte, und war zu ihren Eltern aufs Zimmer gegangen. Tina dachte, dass das sehr ungerecht von ihrer neuen Freundin gewesen war. Schließlich hatte sie ihr die halbe Nacht Geschichten erzählt. Trotzdem schlief sie mit einem schlechten Gewissen ein.

Beim Frühstück am nächsten Morgen hielt Tina vergeblich nach Maria Ausschau. Sie hätte sie gerne noch einmal gesprochen. Es ist nicht schön, wenn man im Streit auseinandergeht, auch wenn man sich nie mehr wieder sieht. Doch Maria war nicht da. Tina dachte, dass sie schon sehr früh mit ihren Eltern aufgebrochen wäre.

Dann, als ihre Eltern die Rechnung für die Nacht bezahlten, machte sie einen letzten Versuch.

»Wissen Sie etwas über die Schönleitners?«, fragte sie den Knecht, der hinter der Rezeption stand. Die Hexe zu fragen, hätte sie sich nicht getraut, aber die hatte sich zum Glück noch nicht gezeigt.

»Die Schönleitners?«, fragte der Knecht erstaunt. »Was weißt du denn darüber?«

»Die Maria …«

»Ja, ja, die Maria. Eine schlimme Geschichte.«

»Was ist eine schlimme Geschichte?«, fragte Tinas Mama. »Und wer sind die Schönleitners?«

»Die Schönleitners haben hier übernachtet. Sie waren wegen des Pfarrfestes gekommen, wie in jedem Jahr. Doch ihre kleine Tochter, die Maria, war sehr krank. Sie bettelte die Eltern an, sie nicht allein zu lassen. Es war herzzerreißend. Doch der Vater blieb hart. Er wollte auf das Fest, koste es, was es wolle. So ließen sie Maria allein in der kleinen Kammer unter dem Dach.«

»In der ich heute Nacht geschlafen habe?«, rief Maria.

Der Knecht riss die Augen auf. »Dort hast du geschlafen?«

»Ja«, sagte Tinas Papa. »Warum?«

»Weil Sie Gott danken können, dass Sie Ihre kleine Tochter wohlbehalten wiederhaben.«

»Nun machen Sie aber einen Punkt!«, rief Tinas Papa.

»Nein, nein, gnädiger Herr. Warten Sie ab, wie es mit Maria Schönleitner weiterging. Am nächsten Morgen, als ihre Eltern in die Kammer kamen, war sie verschwunden. Das Bett war benutzt, aber sie war nicht mehr da. Zwei Tage haben sie nach ihr gesucht. Das ganze Dorf hat geholfen. Doch sie blieb verschwunden.«

»Zwei Tage hat man nach ihr gesucht?«, rief Tina dazwischen. »Aber das geht doch nicht. Wann ist denn das gewesen?«

»Genau weiß ich es nicht«, antwortete der Knecht. »Das war vor meiner Zeit. Sicher sind schon fünfzig Jahre ins Land gegangen seit damals. Der Wirt hätte es Ihnen genau sagen können, aber der ist nun auch schon zehn Jahre tot.«

Tina brachte kein Wort mehr heraus. Ihr klebte ein dicker Kloß im Hals.

»Warum erzählen Sie uns diese Schauergeschichte?«, fragte Mama. Sie sah richtig böse aus.

»Weil es noch einmal geschehen ist, ein paar Jahre später. Es war wieder zur Zeit des Pfarrfestes. Der Gasthof war voll belegt, so dass wieder ein kleines Mädchen, deren Eltern feiern wollten, dort übernachten musste. Als die Eltern sich von ihr verabschiedeten, gab es noch keinen Grund zur Besorgnis.

Als sie jedoch nach dem Fest in die Kammer sahen, es war kurz nach Mitternacht, war ihre Tochter verschwunden, genau wie die kleine Maria. Auch sie wurde nie wieder gesehen. Seit der Zeit hat niemand mehr dort geschlafen, vor allem nicht während des Pfarrfestes.«

»Komm«, sagte Tinas Mama und nahm ihre Tochter an die Hand. »Lasst uns gehen.«

Tina widersprach nicht. Wie im Traum trottete sie hinter ihrer Mutter her. Als sie im Auto saß, fiel ihr Blick auf das Gruselbuch neben ihr. Sie nahm es und vergrub es weit unten in ihrer Reisetasche.

Reiner Engelmann
Geheimnisvolle Briefe von Mr X

Ich heiße Paul, und ich finde, der Name passt gut zu mir. Er ist kurz und klar, da fühle ich mich angesprochen, wenn man mich ruft. Meinen Eltern bin ich dankbar dafür, dass sie ihn als Rufnamen gewählt haben, denn ich habe noch zwei andere Vornamen, die von meinen beiden Onkels, aber die verschweige ich lieber. Na ja, Siegmund und … hm, Fürchtegott sind ja wirklich nicht der Brüller. Gut. Schwamm drüber.

Die Geschichte, von der ich erzähle, spielt in unserem Haus. Ziemlich viele Leute kommen darin vor, eben alle Hausbewohner und noch zwei Unbekannte, davon aber später. Zwei dieser Bewohner sind etwas wichtiger als die Übrigen. Der eine ist Anton Düsterhaus, der über uns in der Dachgeschosswohnung wohnt, und der andere bin ich. So ist das.

Bislang war mein Leben nicht besonders aufregend. Das hat sich aber an einem heißen Freitagnachmittag mitten im August schlagartig geändert. Das heißt, begonnen hat es schon an dem Mittwoch vor dem Freitag, aber da habe ich noch nichts davon geahnt.

Bevor es richtig losgeht, muss ich noch etwas über Anton Düsterhaus erzählen. Wer er ist. Nie habe ich mir irgendwelche Gedanken über ihn gemacht. Höchstens mal mit Mama und Papa spekuliert, wenn wir in seiner Wohnung seltsame Geräusche hörten. Wir konnten uns nie einigen, ob das, was wir hörten, eine alte, klapprige Waschmaschine war oder ob er dort oben einen Miniflugplatz für Modellflugzeuge hatte oder ob Anton Düsterhaus in Wirklichkeit Erfinder war und er eine Maschine testete, die automatisch Socken übereinanderziehen kann.

Bis auf wenige Ausnahmen ist Anton Düsterhaus einfach

immer da, oben, in seiner Dachgeschosswohnung. Neben der Wohnungstür ist sein Namensschild festgeschraubt und darunter ist der Klingelknopf. Ich glaube, ich bin der Erste, der jemals auf diesen Knopf gedrückt hat. Im ganzen Haus kann sich niemand daran erinnern, ob Anton Düsterhaus schon einmal Besuch bekommen hat. Selbst die alte Frau Zilke nicht, die im Parterre wohnt und genau mitbekommt, wer im Haus ein und aus geht. Und Frau Zilke wohnt schon ihr halbes Leben dort.

Wie lange Anton Düsterhaus hier im Haus wohnt, weiß auch niemand zu sagen. Frau Zilke meint, er sei irgendwann nach ihr eingezogen. Genauere Angaben kann sie nicht machen, auch sonst niemand im Haus.

Aber jeder im Haus kennt Anton Düsterhaus. Oder glaubt zumindest, ihn zu kennen. Obwohl noch niemand mit ihm geredet hat außer dem üblichen »Guten Tag«, wenn man sich zufällig begegnet.

Bestens bekannt sind allen Hausbewohnern die Gewohnheiten von Anton Düsterhaus. An fünf von sieben Tagen in der Woche verlässt er morgens pünktlich um halb sieben seine Wohnung. Frau Kramer aus dem zweiten Stock stellt morgens manchmal ihre Küchenuhr nach ihm, wenn sie in der Nacht stehen geblieben war. Und wenn Anton Düsterhaus exakt fünfzehn Minuten später mit einer Zeitung unter dem Arm die Treppe wieder hoch zu seiner Wohnung geht, sagt Frau Michaelis zu ihrem Mann: »Anton Düsterhaus ist wieder zurück, du musst jetzt losgehen, damit du den Bus noch bekommst.« Das sagt sie, ohne dabei auf die Uhr zu schauen, denn Anton Düsterhaus ist zuverlässiger als ein Uhrwerk.

Nur die Mittwoche und Samstage verlaufen anders.

Samstags morgens um zehn Uhr geht Anton Düsterhaus mit einem Korb und zwei Stofftaschen zum Einkaufen. Wenn er zwei Stunden später zurückkommt, stellt er seine Einkäufe unter den Briefkästen neben der Haustür ab, schließt seinen auf, nimmt den ganzen Inhalt heraus und wirft ihn unbesehen in die Papiermülltonne, die in der Ecke des Hofes steht. »Werbung, alles nur Papierverschwendung«, murmelt er jedes Mal vor sich hin.

Mittwochs fährt er mit dem Elf-Uhr-Bus ins Stadtzentrum und kommt mit dem Zwei-Uhr-Bus bepackt mit zwei dicken Taschen wieder zurück. Um diese Zeit wirft auch der Briefträger bei uns die Post in die Briefkästen.

Niemand im Haus weiß genau, wo Anton Düsterhaus war und was in den Taschen drin ist. Aber spätestens an jedem Donnerstag hören wir neue Geräusche oben aus seiner Wohnung.

Und an einem solchen Mittwoch, mitten im August, begann die Geschichte.

Es war heiß draußen. Dreißig Grad im Schatten meldete der Wetterbericht. Das war eine glatte Untertreibung. Ich war gerade auf dem Weg zum Schwimmbad, als der Briefträger vor den Briefkästen stand.

»Sag mal«, sprach er mich an, »wohnt hier ein Anton Düsterhaus? Der Name ist mir völlig unbekannt, ist der neu hier eingezogen?«

»Klar, der wohnt hier«, sagte ich, »da kommt er gerade.«

Der Briefträger drehte sich um, lächelte Anton Düsterhaus an und sagte: »Ach, Sie sind Herr Düsterhaus. Gesehen hab ich Sie ja schon oft. Aber ich hatte noch nie Post für Sie. Aber heute. Hier, der Brief ist für Sie.«

»Für mich?«, fragte Anton Düsterhaus erstaunt, aber da hatte der Postbote ihm schon einen schönen Tag gewünscht und war auf dem Weg zum nächsten Haus.

Anton Düsterhaus stand da, die beiden Taschen neben sich auf dem Boden, und hielt den Brief in beiden Händen. Er drehte ihn um, in alle Richtungen, hielt ihn dicht vor seine

Augen, dann wieder auf Abstand, las das eine ums andere Mal die Adresse, seine Adresse, Anton Düsterhaus, Marktstraße 23, ja das war er. Nur den Absender, den fand er nicht auf dem Umschlag.

»Ein Brief. An mich. Für mich. Wer schreibt mir denn einen Brief?«, murmelte er vor sich hin und kratzte sich mit einer Hand nachdenklich am Kopf.

Ich war stehen geblieben und habe die kurze Szene beobachtet, und als er, ohne seine Taschen, auf die Haustür zuging, rief ich hinter ihm her: »Sie haben Ihre Taschen vergessen!«

»Ja, meine Taschen«, sagte er ganz in Gedanken und schaute immer noch ungläubig auf den Briefumschlag. »Ja, die Taschen«, sagte er wieder, kam die paar Schritte zurück, nahm jetzt beide mit einer Hand hoch und schlurfte kopfschüttelnd ins Haus.

Als ich im Schwimmbad war, hatte ich das alles schon wieder vergessen. Auch beim Abendessen war uns nichts wirklich aufgefallen, außer dass es oben in der Wohnung ungewöhnlich ruhig war.

Die erste Veränderung fiel mir am Donnerstag auf. Ich war gerade auf dem Weg zum Fahrradständer, als ich hörte, wie Frau Zilke zu Frau Kramer, die auf ihrem Balkon die Geranien goss, hinaufrief: »Der Düsterhaus hat heute keine Zeitung geholt. Ist der krank?«

»Gestern war er noch ganz gesund, da hab ich ihn gesehen und gehört«, kam die Antwort von oben.

Als ich am Freitagmorgen zu meinem Fahrrad ging, standen einige der Hausbewohner vor der Tür und stellten ganz geheimnisvoll Vermutungen an. Sofort begriff ich, worum es ging.

»Stellt euch mal vor, nun schon der zweite Tag ohne Zeitung!« Das war Frau Zilke.

»Ob er krank ist?« Das war Frau Michaelis.

»Vielleicht liegt er da oben und ist...« Zuerst wurde Frau Kramer bei ihrem Gedanken ganz blass, dann die Umstehenden.

»Wir sollten die Polizei rufen!«, schlug Herr Rudolph vor.

»Nein, lieber den Notarzt!«, meinte Herr Siegel. »Vielleicht ist er ja noch zu retten!«

Ich hörte mir das alles an und sagte dann eher beiläufig: »Eben war er noch auf dem Klo. Ich hab auf jeden Fall die Wasserspülung oben im Bad gehört.«

»Also so was!« und »Was weißt du denn schon!« und »Du Bengel du!«, wurde ich von den Versammelten angeherrscht.

Verärgert drehten sie sich um und gingen ihrer Wege. Da hatte ich sie wohl um eine Sensation gebracht, die ihnen etwas Abwechslung beschert hätte.

Trotzdem, etwas stimmte nicht. Das sagte mir mein Gefühl. Anton Düsterhaus war nun wirklich schon den zweiten Morgen nicht mehr weg. Und in seiner Wohnung war es ruhig. Ungewöhnlich ruhig. So ruhig, dass es Mama, Papa und mir schon am Donnerstag beim Abendessen aufgefallen war. Doch wir dachten uns weiter nichts dabei.

Aber jetzt fing ich an zu denken.

Warum war Anton Düsterhaus nicht mehr weg, um seine Zeitung zu holen?

Warum war es so still in seiner Wohnung?

War er vielleicht doch krank, so wie es Frau Michaelis vermutete, oder hatte es etwas mit dem Brief zu tun? So wie er den in den Händen gehalten und angeschaut hat, wäre das immerhin möglich.

Nein, ich wollte nicht spekulieren. Ich wollte keine Vermutungen anstellen, etwas Schlimmes könnte passiert sein. Vielleicht war es ja nur... ach, ich wusste nicht, was ich denken sollte. Ich wollte es einfach herausfinden.

Nur wie?

Am sichersten auf direktem Weg, beschloss ich, drehte mich um, ging ins Haus und die Treppe hinauf ins Dachgeschoss bis zur Wohnungstür von Anton Düsterhaus.

So mutig ich eben noch war, so unentschlossen stand ich jetzt vor der Tür. Sollte ich es wagen? Sollte ich einfach klingeln? Was sollte ich ihm sagen? Schließlich klingelt man nicht einfach mal so bei Anton Düsterhaus.

Schweißperlen standen auf meiner Stirn. Nicht nur von der Hitze. Mit meinem T-Shirt wischte ich sie ab. Dann drückte ich auf den Klingelknopf. Einmal nur und ganz kurz. Hatte er was gehört? Oder war die Klingel abgeschaltet oder war sie vielleicht kaputt oder …

Dann hörte ich etwas. Drinnen im Hausflur. Zuerst nur leise, dann etwas lauter. Schritte, ja, es waren Schritte. Bevor ich mir überlegen konnte, doch lieber mit langen Sätzen die Treppe runterzuspringen, rauszurennen und mit dem Fahrrad wegzufahren, wurde die Wohnungstür geöffnet.

Anton Düsterhaus stand vor mir und schaute mich mit einem Blick an, als wollte er mir sagen: »Da bist du ja endlich!« Jedoch wortlos drehte er sich um und ging mit schlurfenden Schritten durch den Flur zurück und verschwand in dem Raum, zu dem die Tür offen stand.

Ich kapierte in diesem Augenblick gar nichts und wollte mich schon zum Gehen umdrehen, als ich ihn rufen hörte: »Ja, willst du denn nicht reinkommen?«

»Ja, ich weiß nicht, wenn ich nicht störe, dann würde ich …«

»Mach die Tür zu, Junge, ja!«, rief er mir zu.

Leise schob ich die Tür ins Schloss.

»Ich bin in der Küche«, hörte ich seine Stimme.

Von der Türschwelle aus sah ich ihn. Er saß auf einem Stuhl am Kopfende des Küchentisches und starrte vor sich hin auf …

ja, auf den Brief, der auf dem Tisch lag und den er zwei Tage zuvor bekommen hatte.

»Ist etwas passiert?«, fragte ich zögernd. »Die Leute im Haus reden schon über Sie.«

»Ich habe einen Brief bekommen!«, war seine Antwort, als würde sie alles erklären.

»Viele Menschen bekommen Briefe. Steht denn etwas Schlimmes drin?«

»Das weiß ich nicht, ich hab ihn ja noch nicht geöffnet!«

»Was? Aber warum denn nicht?«

»Weil kein Absender draufsteht. Und außerdem weiß ich nicht, wer mir einen Brief schreiben sollte.«

»Manchmal vergessen die Briefschreiber, den Absender auf den Umschlag zu schreiben. Aber dann erfährt man, von wem der Brief ist, wenn man ihn geöffnet und gelesen hat.«

»Aber ich kenne niemanden, der mir einen Brief schreiben könnte! Was, wenn es ein Versehen ist und der Brief gar nicht für mich ist?«

»Es gibt aber jemanden, der Sie kennt und der weiß, wo Sie wohnen. Sonst wäre der Brief ja nicht angekommen!«

»Trotzdem! Er bringt alles durcheinander!«

»Vielleicht ist der Absender ja in Geheimschrift geschrieben!« Das war eine kühne Behauptung, die Anton Düsterhaus mit einem bösen Blick quittierte.

»Wie meinst du das?«, hakte er aber schon nach kurzer Zeit nach. »Meinst du, dass jemand etwas auf den Umschlag geschrieben hat, ohne dass man es sehen kann?«

»Hm«, nickte ich.

Anton Düsterhaus zog die Küchenschublade auf, in der er allen möglichen Krimskrams aufbewahrte, unter anderem auch einige Kerzenstummel und Streichhölzer. Einen von diesen Kerzenresten zündete er jetzt an und hielt den Briefumschlag flach über die Flamme. Zuerst mit der Seite, auf der die Adresse stand. Nichts, nichts außer etwas Ruß, der sich auf dem Papier niedergeschlagen hatte.

Dann drehte er den Umschlag um. Schon nach kurzer Zeit konnte man in der Mitte etwas erkennen. Ein Kreuz, ein kleines Kreuz, das an seinen Enden wuchs, je länger Anton Düsterhaus den Umschlag über der Flamme hin und her bewegte. So wurde aus dem anfänglich kleinen Kreuz ein X, das sich über die ganze Rückseite des Briefumschlages erstreckte.

»Das ist kein Zufall!«, stellte ich sachlich fest und Anton Düsterhaus zog verwundert seine Augenbrauen hoch.

»Jetzt müssen wir nur noch feststellen, was in dem Brief drinsteht, ich meine, Sie müssen das feststellen, es ist Ihr Brief.«

Angestachelt vor Neugierde angelte Anton Düsterhaus jetzt ein Taschenmesser aus der Küchenschublade, klappte die Klinge auf und öffnete damit vorsichtig den Umschlag. Bevor er den Brief herausholte, klappte er zuerst das Messer wieder zusammen und legte es weg.

Was nun zum Vorschein kam, verschlug selbst mir die Sprache. Es war kein gewöhnlicher Brief, in dem vielleicht ein Bekannter aus früheren Jahren sich nach dem Befinden von Anton Düsterhaus erkundigte. Nein, der Absender des Briefes hatte aus Zeitungen oder Zeitschriften Wörter ausgeschnitten und sie in folgender Reihenfolge auf ein Blatt Papier geklebt:

WICHTIG! Komme BIS spätestens Freitag, 12.00 Uhr, **IN** DEN park **UNTER** einem STEIN unter der GROSSEN Linde findest du einen wichtigen Hinweis! Hebe ihn gut auf. ER bringt dich ans ZIEL!

»Da will mich jemand auf den Arm nehmen!«, empörte sich Anton Düsterhaus. »So eine Frechheit!«

»Das kann man nicht wissen, ob Sie jemand auf den Arm nehmen will. Man kann das aber rausbekommen!«

Ich wollte nicht, dass es jetzt, wo es gerade interessant wurde, schon wieder zu Ende sein sollte.

»Und wie?«

»Na, hingehen eben!«

»Für solche Spielchen tauge ich nicht mehr«, sagte Anton Düsterhaus und schaute auf die Uhr. Es war kurz nach elf.

»Aber bevor du allein hingehst, gehe ich lieber mit«, sagte er, nachdem er sich den Brief noch einmal nachdenklich angeschaut hatte. »Ich möchte nicht, dass dir etwas passiert!«

Ich glaube, das hat er nur so gesagt, denn bestimmt war er selbst ganz neugierig. Schnell war er aufgesprungen, hatte sich Schuhe und Jacke angezogen und stand schon fertig an der Tür, als er mich aufforderte, mich nun auch zu beeilen. »Zu Fuß schaffen wir das nicht mehr, wir müssen den Bus nehmen!«

Unterwegs redeten wir kein Wort miteinander. Er fragte mich auch nicht danach, warum ich bei ihm geklingelt habe. Er nahm es einfach hin. Eigentlich hatte ich sogar das Gefühl, dass er froh darüber war, dass ich zu ihm kam, sonst würde er vielleicht immer noch an seinem Küchentisch sitzen und den Briefumschlag anstarren.

Kurz vor zwölf erreichten wir den Park.

»Wie sieht denn eine Linde aus und wo steht dieser Baum? Hier gibt es so viele Bäume, die sich alle ähnlich sehen«, sagte Anton Düsterhaus.

»Linden haben herzförmige Blätter und am Rand sind sie gesägt.«

»Wie bitte?«

»Ja, sie haben am Rand Zähne wie eine Säge!«

»Und wo steht dieser Baum?«

»Vielleicht meint er ja den mitten im Park!«

Wir beeilten uns, damit wir wirklich noch vor zwölf Uhr dort waren. Wir schafften es auch.

»Warum um alles in der Welt sollen wir bis spätestens um

diese Zeit hier sein?«, fragte Anton Düsterhaus und schaute sich um. Nur vereinzelt hielten sich ein paar Leute im Schatten der Büsche und Bäume auf.

»Vielleicht erfahren wir das, wenn wir den Hinweis gefunden haben«, bemerkte ich.

»Ich glaube ja immer noch, dass mich da jemand an der Nase herumführen will.« Anton Düsterhaus schüttelte den Kopf und wollte schon wieder gehen, als ich auf der Rückseite des Baumstamms einen Stein entdeckte.

»Hier ist er!«, rief ich und bückte mich danach.

Im gleichen Augenblick wurde ich von einem kalten Wasserstrahl auf dem Rücken getroffen. Auch Anton Düsterhaus schrie erschreckt auf.

Die Bewässerungsanlage – genau um diese Zeit wird sie immer eingeschaltet. Deswegen sollten wir also rechtzeitig hier sein.

Schnell zog ich das Stück Papier unter dem Stein hervor und rannte los an einen sicheren Ort, damit es nicht aufweichte.

»Hast du etwas gefunden?«, fragte Anton Düsterhaus, als er schwer atmend neben mir stand. Er war völlig durchnässt, weil er nicht so schnell rennen konnte wie ich. Seine Kleider klebten am Körper und seine Haare am Kopf.

»Ja, hier, das ist der Zettel, der unter dem Stein lag.«

Anton Düsterhaus nahm ihn mit seinen nassen Fingern und faltete ihn auseinander.

»Eine Straße«, sagte er, »da ist nur eine Straße aufgezeichnet.«

»Darf ich mal sehen?«, bat ich ihn.

Zweifellos, das war eine Straße. Zumindest werden sie immer so auf Straßenkarten dargestellt. Ich drehte den Zettel und schaute ihn mir von allen Seiten an. Vielleicht würde ich ja noch etwas entdecken! Und wirklich!

»Das ist nicht irgendeine Straße«, sagte ich zu Anton Düsterhaus, »das ist unsere Straße, die Marktstraße!«

Zurück in Anton Düsterhaus' Küche legten wir alles nebeneinander auf den Tisch. Den Briefumschlag mit dem X auf der Rückseite, den Brief und den Zettel mit dem Verlauf unserer Straße.

»Das ist doch ausgemachter Blödsinn!«, schimpfte Anton Düsterhaus. Er hatte sich inzwischen trockene Sachen angezogen und lief vor dem Tisch hin und her wie ein Tiger vor den Gitterstäben seines Käfigs.

»So macht das wirklich keinen Sinn«, pflichtete ich ihm bei, »aber vielleicht kommen ja noch mehr Briefe.«

»Die werde ich sofort wegwerfen«, knurrte er, »ich lasse mich doch nicht zum Esel machen!«

Am nächsten Mittag klingelte es an unserer Tür. Ich erledigte gerade meine Samstagspflicht. Zimmer aufräumen.

»Ist der Junge da?«, hörte ich eine Männerstimme. Ich erkannte sie sofort und rannte hinaus in den Flur.

»Ein neuer Brief!«, rief er.

Mama schaute mich mit großen Augen an. »Was für ein Brief?«, fragte sie.

»Ich muss jetzt mit hoch zu Herrn Düsterhaus! Mein Zimmer räume ich später fertig auf!«

Mit diesen Worten hatte ich mich schon an ihr vorbeigedrückt und rannte die Treppe hoch, hinter mir Anton Düsterhaus. Ich wusste nicht, dass er noch so schnell war.

Es war der gleiche Umschlag, die gleiche Handschrift. Das sah ich mit einem Blick, als der zweite Brief neben dem ersten auf dem Tisch lag.

Anton Düsterhaus kramte wieder eine Kerze und ein Streichholz aus der Schublade.

»Da ist bestimmt wieder ein X drauf«, vermutete ich, »das Zeichen des großen Unbekannten.«

Aber ich irrte mich. Ein großes R kam diesmal unter der Flamme der Kerze zum Vorschein. Und in dem Brief wurde nicht nur Anton Düsterhaus, sondern auch ich dazu aufgefordert, die Stadtbibliothek aufzusuchen. Bei Erich Kästner würden sich weitere Hinweise finden. Die Wörter waren wieder, wie im ersten Brief, aus Zeitungen und Zeitschriften ausgeschnitten.

»Woher weiß der von mir?«, fragte ich erstaunt. »Ob der uns beobachtet hat?«

»Na bestimmt, sonst wüsste er das ja nicht!«

Ich hatte ein ganz mulmiges Gefühl im Bauch, als wir zur Bibliothek gingen. War er hinter uns? Wartete er auf uns in der Bibliothek zwischen den Regalen? Lauerte er in irgendeinem Versteck?

Der Weg war nicht weit. Nur, wo sollten wir dort suchen? Wie viele Bücher hatte Erich Kästner geschrieben? Und wo waren sie zu finden?

Anton Düsterhaus wollte schon nachfragen, aber da entdeckte ich einen Computer.

»Der wird uns weiterhelfen!«, erklärte ich ihm. Er schaute mir skeptisch zu. Nachdem ich den Namen eingegeben hatte, wurden alle Buchtitel mit Registraturnummern aufgelistet.

»Hier, bitte, ganz einfach!«, strahlte ich. »Jetzt müssen wir nur noch die Regale finden.«

Anton Düsterhaus zog ein Buch nach dem anderen von Erich Kästner aus dem Regal.

»Die habe ich früher alle gelesen«, sagte er und blätterte in ihnen herum.

»Wir müssen den Zettel finden!«, drängte ich.

»Ja, den Zettel«, sagte Anton Düsterhaus und blätterte weiter.

Ich arbeitete mich systematisch durch alle Regale, in denen Kästner-Bücher standen. Dabei achtete ich darauf, dass Anton

Düsterhaus keine neuen Bücher in die Hände fielen, denn wir hatten ja eine Aufgabe zu erledigen. Endlich, in »Drei Männer im Schnee« fand ich das Gesuchte. Das Buch war mir zwar unbekannt, bekannt kam mir aber der Zettel vor.

Anton Düsterhaus hatte sich festgelesen, als ich ihm den Zettel hinschob. »Hier, da ist er!«

Es war wieder eine Straße, diesmal aber nicht die Marktstraße, sondern, wenn man genau hinschaute, die Kreuzstraße, eine der größeren Nebenstraßen der Marktstraße.

»Der will uns irgendwo hinführen!«, stellte ich fest.

»Aber wir wissen noch nicht, wohin!«, schloss Anton Düsterhaus.

Das sollten die nächsten Briefe zeigen. Am Dienstag kam der dritte Brief mit einem großen V auf dem Umschlag und auf dem Friedhof fanden wir hinter dem ältesten Grabstein den nächsten Zettel mit dem Verlauf der Schusterstraße.

Am Freitag wurden wir in den Stadtwald zu einem Hochsitz geschickt. Auf diesem Zettel fanden wir den Verlauf der Grabenstraße, die die Schusterstraße kreuzt. Auf dem Umschlag war wieder ein Buchstabe, dieses Mal ein E.

Auf den nächsten Brief, der auch der letzte sein sollte, mussten wir eine ganze Woche warten. Auf dem Umschlag war ein A und mit dem Bus mussten wir sogar aus der Stadt rausfahren bis zum nächsten Dorf und dort eine alte Eiche aufsuchen. In einem Hohlraum, in dem vielleicht mal ein Vogelnest war, fanden wir schließlich den Zettel. Wieder mit einer Straße, dieses Mal war aber eine Markierung an einer Stelle. Und ausgeschnittene Wörter.

Am **Sonntag** um 14 Uhr hier. X

Bis zum Sonntag dauerte es noch ziemlich lange. Zweimal gingen wir in dieser Zeit zu dem angegebenen Treffpunkt, weil wir beim ersten Mal nicht glauben wollten, dass der wirklich gemeint war. Ein stinknormales, langweiliges Café.

Auch die Briefe schauten wir uns in diesen Tagen an, um vielleicht doch etwas herauszufinden, was wir bisher übersehen hatten. Wir fanden aber nichts. Die Reihenfolge der Buchstaben auf den Briefumschlägen ergab für mich auch keinen Sinn. X R V E A, sollte das etwa eine Abkürzung sein? Und wenn ja, wofür?

Anton Düsterhaus schmunzelte, als er sich die Buchstaben anschaute, sagte aber kein Wort.

Der Sonntag kam und schon um ein Uhr klingelte Anton Düsterhaus an unserer Wohnungstür. Obwohl man höchstens zwanzig Minuten geht, machten wir uns sofort auf den Weg.

Im Café bestellten wir Apfelschorle und warteten. Warteten auf was, auf wen? War die Person vielleicht schon hier? Wurden wir beobachtet? Für mich saßen hier nur unverdächtige Personen.

Langsam schlichen der große Zeiger auf die Zwölf und der kleine auf die Zwei. Als wir fünf Minuten später vermuteten, die Begegnung würde nicht stattfinden, hörten wir plötzlich eine tiefe Stimme hinter uns.

»Anton Düsterhaus, Sie sind verhaftet! Widerstand ist zwecklos. Legen Sie Ihre Hände auf den Tisch. Der Junge auch!«

»Darf ich den Grund erfahren?«, fragte Anton Düsterhaus mit zittriger Stimme.

»Ja, Sie haben die Verabredung nicht eingehalten. Sie waren zu früh!«

»Darf ich fragen, ob sich hinter diesem Polizisten vielleicht ein gewisser Xaver verbirgt?« Anton Düsterhaus lächelte jetzt. Ich konnte ihn aus meinen Augenwinkeln beobachten, während ich kerzengerade am Tisch saß und meine verschwitzten Handflächen fest auf der Tischplatte hielt.

Ein Lachen ertönte und kurz darauf ein fröhliches »Ja!«.

»Dann bist du wirklich der Xaver?« Jetzt stand Anton Düsterhaus auf und drehte sich um. Die beiden Männer schauten sich an, lachten und umarmten sich.

»Hier, ich hab noch meinen Enkel mitgebracht. Als ich gesehen hab, dass ihr zu zweit unterwegs seid, hab ich ihn eingeweiht und er hat das Spiel mitgespielt. Das ist der Anton, Sebastian, von dem ich dir immer erzählt habe.«

Ich erfuhr, dass Anton Düsterhaus und Xaver Schulfreunde waren, die sich später aus den Augen verloren haben. Durch Zufall sei Xaver auf die Adresse von Anton Düsterhaus gestoßen, als er als Kriminalbeamter, der er bis vor wenigen Wochen war, wegen eines Verbrechens ermittelte.

Seit dieser Zeit verläuft das Leben von Anton Düsterhaus

völlig anders. Er geht nicht mehr zu bestimmten Zeiten aus dem Haus, sondern immer dann, wenn er Lust dazu hat oder wenn er sich mit Xaver trifft.

Die Bewohner der Marktstraße 23 mussten sich erst daran gewöhnen, und wenn sie die genaue Uhrzeit erfahren wollten, mussten sie ihr Radio einschalten.

Ich treffe mich seither fast jeden Tag mit Sebastian.

Übrigens: Anton Düsterhaus ist tatsächlich Erfinder. Und im Augenblick arbeiten wir auch wirklich an einer Maschine, mit der man Socken übereinanderziehen kann.

Michael Borlik
Schattenjagd

Finn fluchte. Er hatte Seitenstechen, und seine Füße brannten, als liefe er über glühende Kohlen. Lange würde er dieses Tempo nicht mehr durchhalten. Plötzlich tauchte eine Droschke vor ihm aus der Nacht auf. Das Wiehern des aufgeschreckten Pferdes ließ ihn zusammenzucken. Im letzten Moment sprang Finn zur Seite und rettete sich in eine Seitengasse. Dunkelheit umfing ihn und er blieb keuchend stehen.

Nur eine Verschnaufpause, dachte er und sackte völlig erschöpft gegen die kühle Hauswand. Sein Herz raste. Er hatte seine Freunde verloren und Jenkins war sicher nicht weit weg. Dieser verfluchte Kopfgeldjäger! Mit seinen gelben Augen sah er nicht nur aus wie ein Wolf, vermutlich hatte er auch einen genauso guten Geruchssinn. Wie war es sonst möglich, dass kein Kind ihm entkam?

Finn stieß sich von der Wand ab und stolperte weiter durch das dunkle Gässchen. Hinter ihm erklangen leise Schritte. Oder war es bloß das Echo seiner eigenen? Er lief schneller. Niemals würde er sich von Jenkins zurück ins Waisenhaus bringen lassen! Es war der grässlichste Ort auf der Welt. Mr und Mrs Bones behandelten die Kinder wie Sklaven. Sie verliehen sie gegen Bezahlung an Kaminkehrer, die die Kinder zwangen, in die engen und finsteren Schlote zu kriechen. Wer sich weigerte, wurde mit Schlägen bestraft und ohne Essen ins Bett geschickt.

Finn hatte das Ende der winzigen Gasse erreicht. Vor ihm lag ein weiter, in das schummrige Licht der Gaslaternen getauchter Platz. An Markttagen boten die Händler hier ihre Waren aus dem fernen Orient feil: kostbare Stoffe, edle Gewürze und fremdländische Süßigkeiten, deren verlockende

Gerüche sich dann über das ganze Viertel ausbreiteten. Bei dem Gedanken an türkischen Honig knurrte Finns Magen. Aber für solche Träumereien hatte er jetzt keine Zeit.

Er rannte wieder los und stolperte über einen hochstehenden Pflasterstein. Schimpfend rappelte er sich wieder auf. Sein Knie tat höllisch weh, aber wenigstens hatte die Hose kein Loch. Weiter! Doch er hatte den Platz kaum zur Hälfte überquert, als eine blasse junge Frau in den Dunstkreis einer Straßenlaterne taumelte. Sie war genauso ärmlich gekleidet wie er selbst. Kurz starrte sie auf den Boden zu ihren Füßen, dann schluchzte sie heftig auf. Bei ihrem Anblick blieb Finn wie gebannt stehen und ein seltsamer Widerwille, ja, fast schon Abscheu, erfasste ihn. Er verstand selbst nicht, warum. Die Frau hatte ihm schließlich nichts getan. Doch dann fiel ihm auf, dass sie keinen Schatten warf, obwohl sie unter der Laterne stand. Wie konnte das sein? Bevor er sich jedoch weiter wundern konnte, vernahm er bereits wieder Jenkins' Schritte hinter sich.

»Ich hab es geschafft!«, jubelte Finn, als die Sonne aufging. Vor zwei Stunden hatte er den Kopfgeldjäger in der Gasse der Büchsenmacher abgehängt, indem er sich in einem leeren Schwarzpulverfass versteckt hatte. Jetzt, am Tage, wo viele Menschen unterwegs waren, würde Jenkins es sehr viel schwerer haben, seine Spur wiederzufinden.

Als Erstes muss ich meine Freunde suchen, dachte Finn. Er vermisste sie schrecklich: den griesgrämigen Billy, Tom Daumenlos, den schielenden Ronald und die wunderhübsche Sarah, deren blondes Haar wie gesponnenes Gold im Sonnenlicht funkelte. Finns Magen krampfte sich zusammen. Vielleicht hatte Jenkins sie längst wieder ins Waisenhaus zurückgebracht.

»He, du, Bursche!«

Finn blickte sich gehetzt um.

»Willst du dir einen Penny verdienen?« Es war der Besitzer eines Gemüseladens. »Ich brauche jemanden, der mir beim Abladen des Karrens hilft.«

Finn nickte eifrig. Von dem Geld könnte er sich etwas zu essen kaufen. Schon jetzt knurrte sein Magen wie ein wütender Dachs. Er hatte bereits die erste Kiste mit rotbackigen Äpfeln ergriffen, als es am Ende der engen Gasse zu einem Tumult kam. Ein Mann schob sich grob durch die Schlange von Wartenden, die sich vor der Tür einer winzigen Bäckerei gebildet hatte. Er war knochendürr und hatte einen verfilzten Bart, rot wie Fuchspelz. Jenkins!

Bei den dreizehn Engeln, dachte Finn. Wie konnte er mich so schnell finden?

Die Kiste mit den Äpfeln entglitt seinen Fingern und riss einen Sack Kartoffeln um, der am Karren gelehnt hatte. »Was hast du gemacht, du Tollpatsch!«, rief der Ladenbesitzer erbost, als Äpfel und Kartoffeln in alle Richtungen davonkullerten. Doch Finn hörte ihn schon nicht mehr. Mit wild pochendem Herzen schlidderte er dem Ende des Gässchens entgegen. Die Pflastersteine waren dort feucht von einem stinkenden Rinnsal und schmutzig grau wie Herbstwolken. Aber über den Dächern der Häuser sah er bereits die Zwillingstürme der Kathedrale. Endlich! Von dort war es nicht mehr weit bis zu den Katakomben. Ein Labyrinth aus düsteren, verwinkelten Tunneln. Zur Zeit der großen Pestepidemie hatte man dort die Toten zur letzten Ruhe gebettet. Heute waren sie ein Zufluchtsort für die Ärmsten unter den Armen.

Den Eingang in die Katakomben bildete ein düsteres, schmutziges Loch auf dem Hinterhof einer Klosterruine. Ein kalter Herbstwind pfiff durch das alte Gemäuer und Finn schlug den Kragen seiner Jacke hoch. Etwas stimmte nicht. Warum war niemand hier? Vorsichtig näherte er sich den ausgetretenen Steinstufen, die hinab in die Tiefe führten.

»Ha-hallo?«

»Hab ich dich!« Mit einem wölfischen Lachen stürzte Jenkins hinter einer Mauer hervor und seine knochigen Finger krallten sich in Finns blondes Haar.

»Lass mich los, du Bestie!« Wütend schlug und trat Finn um sich, woraufhin Jenkins nur noch lauter lachte.

»Gut so, kleiner Junge! Tob dich nur aus, bis du keine Kraft mehr hast!«

Tränen stiegen Finn in die Augen. Alles umsonst! Jenkins würde ihn zurück ins Waisenhaus bringen.

»Eine Heulsuse bist du also auch noch«, schnaubte der Kopfgeldjäger abfällig. »Weiß gar nicht, warum sie dich überhaupt zurückhaben wollen. Du wirst eh nur wieder Ärger machen. Wenn es nach mir ginge, ich würde dich im Fluss ertränken.« Seine Lippen verzogen sich zu einem gehässigen Grinsen.

Niemand durfte ihn eine Heulsuse nennen! Finn funkelte Jenkins zornig an und dann biss er zu. Er vergrub seine Zähne im Arm des Kopfgeldjägers. Sie drangen tief durch die dünne, pergamentartige Haut, bevor sie auf steinharte Knochen trafen. Jenkins schrie vor Schmerz, und Finn nutzte die Gelegenheit, sich loszureißen. Eine Weile folgten ihm noch die hasserfüllten Flüche des Kopfgeldjägers, aber irgendwann wurden sie leiser und verstummten schließlich ganz.

Erneut senkte sich die Nacht über die Stadt. Der Dunkelheit folgte ein ungewöhnlich scharfer Wind, der heulend durch die Gassen fegte, die menschenleer vor Finn dalagen. Schaudernd vergrub er seine Hände in den Hosentaschen. Als er zu den Docks kam, kroch ihm der üble Gestank nach fauligen Abwässern in die Nase. Hastig ging er weiter.

Alsbald kam Finn zu einem schmalen Kanal, einem Nebenarm des Flusses, der die Stadt in zwei Hälften teilte. Wenn er dem Kanal nachging, würde er ihn zum Stadtpark bringen. Es gab dort ein altes Spukhaus. Vielleicht wäre das ein geeignetes Versteck? Aber vermutlich würden selbst die grausigen Schauergeschichten Jenkins nicht davon abhalten, ihm dorthin zu folgen.

Finn seufzte. Er hatte alles verloren. Ihm fehlten seine Freunde, und er war so müde, dass er sogar sein Bett im Waisenhaus vermisste, obwohl es nur aus einer harten Pritsche mit einer löchrigen Decke bestanden hatte. »Was soll ich jetzt machen?«, überlegte er laut, als er eine Bewegung aus dem Augenwinkel wahrnahm. Finn wirbelte herum, aber da war nichts. Nur dieser bizarre Schatten, der in den Dunstkreis einer nahen Gaslaterne ragte. Er war tiefschwarz und besaß beinahe menschliche Gestalt. Bloß stand dort niemand, der den Schatten hätte werfen können.

Finn runzelte die Stirn. Und seit wann ragten Schatten *ins* Licht? Mit einem Mal kam ihm wieder die schluchzende junge Frau von vergangener Nacht in den Sinn.

»Was bist du?«, keuchte Finn, als der Schatten langsam auf ihn zukroch. Panisch wich er ein paar Schritte zurück, bevor er sich umdrehte und davonrannte. Hinter ihm ertönte ein grässlich verzerrter Wutschrei, der von einer eisigen Bö begleitet wurde, die Finn wie ein Faustschlag im Rücken traf. Fast wäre er gestürzt, doch er fing sich im letzten Moment und taumelte schnaufend weiter.

Erst als jeder Atemzug Finn in den Lungen brannte und das Seitenstechen so heftig war, als bohre ihm jemand seinen spitzen Finger in die Rippen, wurde er langsamer. Suchend blickte er sich um. Es gab hier nirgends ein Versteck. Zu beiden Seiten des Kanals ragten glatte, meterhohe Hauswände empor, mit tiefschwarzen Fenstern, die wie hungrige Raubtieraugen auf ihn hinabstarrten. Aber dann bemerkte er die

Brücke. Sie war ein geschwungener Bogen, der sich wie ein farbloser Regenbogen über den Kanal spannte. Ein kleines orangerotes Feuer brannte in ihrem Schatten. Finn schöpfte Hoffnung. Wer immer es entzündet hatte, war sicher nicht besser als er dran und würde sich vielleicht sogar über ein wenig Gesellschaft freuen.

Ein alter Mann in schäbigen Lumpen musterte Finn argwöhnisch aus zusammengekniffenen Augen. »Was machst du denn zu dieser späten Stunde noch hier draußen, Junge?«

Stumm hockte sich Finn an das Feuer und streckte seine klammen Finger der knisternden Wärme entgegen. »Ich bin fortgelaufen.«

Der Alte schüttelte den Kopf. »Du hast dir keinen guten Zeitpunkt dafür ausgesucht.«

»Warum?«

»Du weißt es nicht?« Der Alte klang erstaunt. »Es stand doch in jeder Zeitung. Oder kannst du nicht lesen? Na, egal. Es sind die Schattenfresser. Sie gehen wieder um!«

Finns Kopf ruckte in die Höhe. »Schattenfresser? Wer sind die?«

»Du hast wirklich noch nie von ihnen gehört?« Das runzelige Gesicht des alten Mannes verdüsterte sich. »Sie sind Geister«, sagte er und stocherte mit einem krummen Stock in den Flammen herum. »Die ruhelosen Seelen der Pesttoten, die man vor langer Zeit in den Katakomben verscharrt hat, anstatt sie anständig zu begraben.«

Finn schluckte. »Geister?«

»Oh ja, und sie sind voller Hass. Ein Hass, der sie alle hundert Jahre zurück an die Oberfläche treibt, um sich an uns Menschen zu rächen, die wir sie zu diesem ruhelosen Dasein verdammt haben.«

»Das ist ja grauenvoll«, stöhnte Finn.

»Gewiss«, stimmte ihm der Alte zu. »Und was sie jenen antun, die das Unglück haben, ihnen zu begegnen …« Er sog scharf den Atem ein. »Oh, das willst du gar nicht wissen, Junge.«

»Was?«, fragte Finn, der nicht anders konnte. »Was tun sie ihnen an?«

»Sie rauben ihnen ihre Schatten.« Der alte Mann nickte grimmig. »Ja, das tun sie. Und dadurch machen sie sie zu Aussätzigen, mit denen niemand mehr etwas zu tun haben will.«

Finn legte verwundert den Kopf schief. Was sollte so schlimm daran sein, keinen Schatten mehr zu haben?

»Du kennst die Menschen noch nicht so gut wie ich, Junge«, sagte der Alte, der Finn die Verwirrung angemerkt hatte. »Aber das wird sich noch ändern, glaub mir. Schon bald wirst du begreifen, dass die Menschen all jene verabscheuen, die anders sind als sie. Dazu zählen auch die Unglücksraben, denen ihre Schatten abhanden gekommen sind. Sie werden von ihren Mitmenschen gemieden, bis sie sich genauso einsam und im Stich gelassen fühlen wie die Schattenfresser selbst. Das ist ihre Rache.«

Finn schüttelte sich. Wenn er daran dachte, dass er noch heute Mittag in den Katakomben Zuflucht hatte suchen wollen, wurde ihm ganz übel. Hätte Jenkins ihm nicht aufgelauert, wäre auch er ganz bestimmt ein Opfer der Schattenfresser geworden.

»Licht ist das Einzige, was sie fürchten«, fuhr der Alte nach einer Weile fort. »Im Sonnenlicht verblassen sie, deshalb gehen sie auch nur bei Nacht auf die Jagd.«

»Hast du denn keine Angst vor ihnen?«, wollte Finn wissen.

»Und ob – aber ich habe keinen Platz, an den ich gehen könnte. Erst wenn der Hunger der Schattenfresser gestillt ist, werden meine Brüder und ich in die Katakomben zurückkehren können.« Er zog den langen, abgewetzten Mantel enger um seinen hageren Körper. »Der Winter zieht bald herauf und ohne Schutz wird sein frostiger Atem sich einen nach dem anderen von uns holen.«

Finn starrte schwermütig in die Flammen. Keine drei Schritte entfernt plätscherte der Kanal über das steinige Ufer. Das einzige Geräusch in dieser Stille. Er zog den Kopf zwischen die Schultern. So schlimm das Waisenhaus auch war, verhungern oder erfrieren musste dort niemand. Doch waren die Prügel und die grausame Arbeit in den pechschwarzen Kaminschächten das wirklich wert? Finn seufzte. Er hatte von Anfang an gewusst, dass ein Leben auf der Straße kein Zuckerschlecken sein würde. Aber im Gegenzug erhielt er etwas, das ihm unglaublich kostbar erschien: seine Freiheit.

»Was war das?« Der Alte blickte sich plötzlich ängstlich um, wie ein Fuchs, den die Hundemeute in die Enge getrieben hatte. »Die Schattenfresser kommen! Lauf, Junge!«

Finn war aufgesprungen. »Woher weißt du das?«

»Ich kann sie riechen«, sagte der alte Mann bitter. »Den Geruch von Verwesung, der ihnen anhaftet. Verschwinde!«

»Aber was ist mir dir?«

Der Alte bedachte Finn mit einem traurigen Lächeln. »Mach dir um mich keine Sorgen. Außerdem würde ich dich nur aufhalten.«

Finn war noch nicht weit gekommen, als ein heiserer Schrei die Nacht durchdrang und alsbald in ein jämmerliches Schluchzen überging. Tränen liefen über Finns Wangen. Der alte Mann hatte sich für ihn geopfert. Ich kann das nicht tun, dachte Finn entschlossen. Ich muss zurück und ihm helfen! Er hatte den Gedanken noch nicht ganz zu Ende gedacht, als er von hinten am Kragen gepackt und hochgerissen wurde. Entsetzt starrte er in eine grinsende Fratze mit gelben Augen und zwei Reihen nadelspitzer Zähne.

»Jetzt gehörst du mir!«, knurrte Jenkins schadenfroh.

»Nein, nicht«, flehte Finn. »Wir müssen fort von hier!«

Aber es war bereits zu spät. Schattenhafte Umrisse, schwärzer als die Nacht selbst, krochen von allen Seiten über das Straßenpflaster auf sie zu. Jenkins, der die Gefahr ebenfalls erkannt hatte, ließ Finn wie einen Sack Mehl zu Boden fallen.

»Die Straßenlaterne«, zischte er. »Wenn wir es dorthin schaffen, sind wir sicher.«

Finn wusste es jedoch besser. Das Licht der Straßenlaterne hatte auch dem Schattenfresser nichts anhaben können, der bereits vorhin versucht hatte, ihn anzugreifen. Er musste den Kopfgeldjäger warnen, aber Jenkins lange Finger hatten sich bereits um Finns Schulter geschlungen und schoben ihn unbarmherzig vor sich her.

»Die Laterne ist zu schwach«, protestierte Finn panisch.

»Unsinn! Du willst nur ...« Jenkins war verstummt, als er sah, wie noch mehr Schatten nun auch aus Richtung der Straßenlaterne auf sie zukrochen. Alle Farbe wich aus seinem Gesicht. »Bei den dreizehn Engeln. Du hast recht, Junge!«

Finn blickte zurück zum Kanal. Konnten Schatten schwimmen? Es gab nur eine Möglichkeit, das herauszufinden. Er packte Jenkins' Hand, der sich willenlos wie eine Marionette mitziehen ließ. Finn fluchte und zerrte heftiger, damit der knochendürre Mann sich schneller bewegte. Sie wichen einem Schatten aus, der ihnen seine wabernde Hand entgegenreckte, und dann blickte Finn auf einmal in tintenschwarzes Wasser.

»Springen Sie!«

Der Schock des eiskalten Wassers hätte Finn fast die Besinnung geraubt, aber sein Überlebenswille war stärker. Er kämpfte sich zurück an die Oberfläche, wo er mit dem keuchenden und prustenden Kopfgeldjäger zusammenstieß. »Ich kann nicht schwimmen«, rief Jenkins und schlug um sich. »Hilf mir!«

Finn wich zurück. Der Kopfgeldjäger würde ihn nur wieder an das Waisenhaus ausliefern. Das war seine Chance, ihm zu entkommen. Aber was, wenn Jenkins dann ertrank? Finn zögerte. Nein, das kann ich nicht zulassen, sagte er sich dann. Mit zwei kräftigen Armbewegungen war er bei ihm. »Stillhalten«, zischte Finn mit vor Kälte zitternder Stimme. »Sonst geht es nicht!« Er packte den Kopfgeldjäger am Kragen seiner Jacke, damit sein Kopf nicht wieder unter Wasser glitt. Doch erst als er sicher war, dass die Strömung sie weit genug von den Schattenfressern fortgetragen hatte, kämpfte Finn sich mit Jenkins zurück ans Ufer.

Der Kopfgeldjäger starrte aus gelben Wolfsaugen auf Finn herab. Aus seiner Kleidung tropfte Wasser, das sich in kleinen Pfützen rund um seine Füße sammelte. »Du hast mir das Leben gerettet, Junge.«

Finn schwieg. Er fror, und ihm war schlecht von dem vielen Flusswasser, das er geschluckt hatte. Außerdem schwankte der morsche Steg, auf den sie sich gerettet hatten, was die Übelkeit noch verstärkte. Aber das spielte jetzt auch keine Rolle mehr. Er hatte verloren, und ihm fehlte einfach die Kraft, weiter gegen Jenkins zu kämpfen.

»Ich hasse es, bei jemandem in der Schuld zu stehen.« Der Kopfgeldjäger zog geräuschvoll die Nase hoch. »Sieh zu, dass wir uns nie wieder begegnen.«

Finn starrte ihn ungläubig an. »Sie lassen mich gehen?«

»Ich werde Mr und Mrs Bones berichten, du seist auf der Flucht ertrunken. Das ist zu unser beider Vorteil. Sie werden aufhören, dich zu suchen. Und ich werde weiterhin in dem Ruf stehen, dass mir niemals jemand entwischt.«

Finn zögerte. »Danke.«

Jenkins schnaubte und marschierte dann mit weit ausgreifenden Schritten der anbrechenden Morgendämmerung entgegen. Kurz bevor er endgültig aus Finns Blick entschwand, ließ er sich auf alle viere fallen und jagte im nächsten Augenblick in der Gestalt eines Wolfs davon.

Wer wissen möchte, welche Abenteuer Finn noch erwarten, kann sie im Roman »Der 13. Engel« nachlesen, der im Thienemann Verlag erschienen ist.

Manfred Theisen
Reise nach Jerusalem

Wenn andere Menschen verreisen, lesen sie Reiseführer, kaufen sich ein Ticket und fliegen los. Wir reisen nie. Denn meine Mutter schreibt sich ihre Reisen selbst, erfindet ihre Städte und Landschaften, denkt sich ganze Länder und Kontinente aus, die auf keiner Karte liegen, die nicht heute sind, nicht gestern waren und niemals sein werden. Und ich? Ich bin ihre Tochter Svenja. Wenn die anderen Kinder auf Mallorca schnorcheln oder in der Schweiz Ski fahren, dann liege ich im Bett und lese die Bücher meiner Mutter. Auf ihren Bergen schneit es auch, und in ihren Wüsten scheint auch die Sonne, aber diese Sonne bräunt nicht.

So lebten wir, bis jener Brief eintraf, der unser Leben verändern sollte: Der Bruder meiner Mutter, Onkel Ehud Silberwasser, war gestorben. Wir packten die Koffer und flogen nach Israel – für drei Tage. Niemand, den ich kenne, fliegt nach Israel. Die Bilder von Krieg und Selbstmordattentaten schrecken jeden ab. Glaubt man den Nachrichten, so könnte man denken, dass in Israel sogar die Bäume bewaffnet sind. Jedenfalls war das damals so. Ich weiß nicht, wie es ist, wenn du meine Geschichte liest.

Keiner meiner Freunde flog also dorthin, aber niemand, den ich damals kannte, war Jude. Ich bin Jüdin, obwohl ich an nichts glaube. Meine Mutter ist Jüdin und glaubt auch nicht an Gott, weil mein jüdischer Ururgroßopa geglaubt hat und dafür gestorben ist. Er war von den Nazis ermordet worden, als Adolf Hitler in Deutschland regierte. Gäbe es Gott, dann hätte niemand das Volk der Juden vernichten wollen, sagte meine Mutter. Gott hätte das nicht zugelassen.

Wir glaubten also an nichts, nichts verriet uns als Juden, nur unser Name: Silberwasser. Und wir hatten den Namen deshalb behalten, weil er zeigte, dass wir keine Deutschen sind, sondern nur in Deutschland lebten. Welcher Deutsche heißt schon Silberwasser?

Wir stiegen in Frankfurt ins Flugzeug und landeten vier Stunden später in Tel Aviv. Die israelische Stadt liegt direkt am Mittelmeer, aber das Meer konnte ich nicht sehen. Denn wir nahmen ein Taxi zur Hauptstadt Jerusalem, wo wir den Anwalt meines verstorbenen Onkels Ehud trafen. »Mit der Beerdigung haben Sie nichts zu tun, Ihr Bruder Ehud Silberwasser hat alles organisiert.«

»Organisieren konnte er gut«, sagte Mama und wirkte traurig. Ihre beiden Grübchen neben den Mundwinkeln waren plötzlich verschwunden. Ich hatte meine Mutter nie gefragt, warum ihr Bruder hier in Israel gelebt hatte und wir in Deutschland.

Der Anwalt gab uns zwei Adressen, die von Ehuds Haus, in dem er gewohnt hatte, und die seines Hauses, das er vermietet hatte. Der Anwalt hatte die Häuser auf einem Stadtplan angekreuzt, als seien es Schatzkisten. Er sagte: »Die Häuser dort sind wertvoll, sie liegen mitten in Jerusalem und Jerusalem ist das Herz der Welt.« Wenn du in Deutschland wohnst, glaubst du, das Herz der Welt liegt in New York, Paris oder Berlin. Sobald du aber Jerusalem betrittst, spürst du, dass hier etwas Besonderes passiert ist, dass Jesus und Mohammed an diesem magischen Ort gewesen sind und hier einst König David regierte. Es wird dir klar, dass all die Bilder vom Krieg und Terror nur ein winziger Teil von Jerusalem sind, so wie eine eklige Warze im Gesicht einer altehrwürdigen Frau.

Was ich über Israel wusste, passte auf ein Stück Papier: Es gibt dort Juden, Moslems und Christen. Alle zanken sich um den Kuchen Israel, denn jeder will ein möglichst großes

Stück von diesem heiligen Land haben. Als sei das noch nicht kompliziert genug, sind die meisten Juden Israelis und viele der Muslime gehören zum Volk der Palästinenser. Während die Israelis ihren Staat Israel haben, leben die meisten Palästinenser nur in kleinen Gebieten in diesem Staat Israel. Doch alle glauben an den gleichen Gott, der ihnen sagt, dass sie friedlich sein sollen, und trotzdem streiten sie sich ständig. Ich verstehe das nicht, vielleicht weil ich erst dreizehn Jahre alt bin. Aber ich glaube, die meisten Erwachsenen verstehen es auch nicht, denn es macht keinen Sinn.

Meine Mutter und ich nahmen wieder ein Taxi. Der Fahrer war ein Palästinenser, ein fetter Kerl mit zwei goldenen Backenzähnen. Er stieß ständig mit der Zunge an das Gold, als habe er Angst, jemand könnte es ihm stehlen. Er ließ uns vor der Altstadt heraus; niemand durfte in der Altstadt mit dem Auto fahren. Die Karte zeigte, dass der alte Kern von Jerusalem in vier Gebiete unterteilt war. Die Häuser von meinem Onkel lagen direkt an der Grenze zwischen dem muslimischen und dem christlichen Viertel. Merkwürdig. Er war doch Jude gewesen und das jüdische Viertel befand sich nicht mal in der Nähe seiner Häuser.

»Weil Ehud ein überzeugter Jude war, wollte er möglichst viel Land dort kaufen, wo noch Christen oder Moslems leben«, sagte meine Mutter, ehe ich sie überhaupt fragen konnte. Sie ahnte oft, was ich dachte.

Durch das Damaskustor gingen wir über lang gezogene Treppen hinab in den innersten Kern der Altstadt mit ihren verwinkelten Gassen. An diesem Abend dämmerte es und es nieselte leicht. Das Wasser sammelte sich zu Pfützen in den Mulden der ausgetretenen Treppen. Mama zog den Hartschalenkoffer wie einen störrischen Hund über das Pflaster. Rechts und links von uns waren die Geschäfte mit Stahltüren verschlossen. Ab und an begegneten wir einer jüdischen

Familie, die von Polizisten mit Maschinengewehren begleitet wurde. Auf der Karte des Anwalts waren nicht alle Wege eingezeichnet und so verliefen wir uns also.

»Mir ist mulmig«, sagte ich.

»Die Nacht kommt, da ist es immer ein bisschen unheimlich, wenn du an einem Ort bist, den du nicht kennst.«

Da hörten wir ein donnerndes Geräusch: Dong, dong, dong. Wir folgten dem Geräusch, gingen um mehrere Ecken. Das Dong, dong, dong wurde leiser, wieder lauter. Dann sahen wir sie: Palästinensische Kinder spielten Fußball. Sie schossen einen Ball gegen die eisernen Tore der Läden, dass es nur so schepperte. Dong, dong, dong.

Ihr Ball rollte uns entgegen. Ich schoss ihn zurück und lächelte den Jungen an, der ihn in seine Hände nahm. Statt zurückzulächeln, stürmte er auf uns zu, warf den Ball hoch und wollte uns damit abschießen. Er traf aber nicht. Die anderen lachten ihn aus.

»Lauf ja nicht weg«, befahl mir meine Mutter, hob den Ball auf und schritt auf den Jungen zu, der ihn geschossen hatte: »Bitte!«, sagte sie freundlich auf Deutsch.

Obwohl der Junge sicher kein Deutsch verstand, begriff er, dass wir keine Juden, keine Feinde, sondern Fremde waren, denn die Juden in Israel sprechen Hebräisch.

So führte er uns zu Ehuds Haus im christlichen Muristan-Viertel.

Ich spreche gut Englisch, da ich seit dem dritten Schuljahr Englisch habe. Obwohl Isa so alt wie ich war, sprach er aber noch besser Englisch als ich. Bestimmt ist er ein Moslem, dachte ich. Sicher hat er so schwarze Augen, weil er vor lauter Hass auf die Juden und die Amerikaner und den Westen ganz dunkel in seiner Seele geworden ist. Er erzählte, dass er gleich in der Nähe wohne und die Deutschen immer gut zum Volk der Palästinenser gewesen seien. Ich hatte mir nie Gedanken über Politik gemacht. Das sollte sich ändern, denn du kannst nicht in Israel sein und nicht über Politik nachdenken, egal wie alt du bist.

Als wir am Hause von Onkel Ehud ankamen, lief Isa zu meiner Überraschung einfach weg. Mama deutete auf die israelische Fahne, die unter dem Fenster hing: »Als er die Fahne gesehen hat, hat er geglaubt, wir sind doch Juden.«

Ich konnte schlecht schlafen in dieser Nacht. Ich musste an Isa denken, der mir genauso fremd und undurchdringlich und gleichzeitig so geheimnisvoll und anziehend vorkam wie Jerusalem mit seinen Minaretten, Kirchtürmen und Kuppeln.

Meine Mutter weckte mich am nächsten Morgen. Wir wollten zu Ehuds Mietshaus. »Wir müssen der palästinensischen Familie, die darin lebt, klarmachen, dass wir das Haus gerne verkaufen möchten. Vielleicht wollen sie es ja kaufen.« Meine Mutter wollte nichts in Israel besitzen, nichts, das sie an dieses Land hätte binden können. Sie hatte sich nie für das Land ihrer Vorväter interessiert, sich nie um die Geschichte unserer Familie gekümmert. Sie wollte ein Leben ohne Wurzeln führen und frei sein.

Als wir aus dem Haus auf die Muristan Road traten, sahen wir zwei mit Gewehren bewaffnete jüdische Männer, die die Straße absperrten. Sie trugen Bärte, aber keine schwarzen Hüte, wie es viele der streng gläubigen Juden tun, zu denen wohl auch mein Onkel gehört hatte. Ihre Kinder spielten auf der Gasse Fußball, genau wie Isa und seine Freunde es gestern ganz in der Nähe getan hatten. Aber anscheinend hatten die jüdischen Väter Angst, ihre Kinder könnten von palästinensischen Kindern wie Isa verprügelt werden.

Meine Mutter dachte das Gleiche wie ich und sagte: »Dieses Land ist krank.« Sie nahm mich fester an der Hand. Als wir auf einen kleinen Platz trafen, erklärte sie mir, dass dort die Grabeskirche von Jesus sei. Eine Gruppe dunkelhäutiger Priester in schwarzen Gewändern schritt murmelnd an uns vorbei. Einer von ihnen stieß mich versehentlich an. Irgendetwas Hartes fiel auf meinen Fuß. Gefangen von dem Anblick dieser hageren Gestalten mit ihren gekräuselten Bärten, sah ich erst zu spät, was dort vor mir auf dem Weg lag: ein handgroßes Kreuz aus Bronze. Kaum dass ich es aufgehoben hatte, waren die Priester schon in einem Nebeneingang der Kirche verschwunden. Meine Mutter bemerkte nichts und ich steckte das Kreuz in meine Jeans.

Zwei Ecken weiter hielten wir vor Onkel Ehuds Haus. Es war schmal, das obere Stockwerk nicht mehr bewohnt und es gab keine Klingel. Mama hatte zwar einen Schlüssel, aber sie klopfte trotzdem gegen einen der hölzernen Fensterläden. Von innen stieß eine Frau die Läden auf und sagte etwas auf Arabisch. Meine Mutter entgegnete ihr in Englisch, sie sei die neue Hausbesitzerin. Die Frau zog die Läden zu. Da standen wir nun vor unserem eigenen Haus, und meine Mutter wusste nicht, was sie tun sollte. Die Läden wurden erneut aufgestoßen und ein Junge grinste uns an. Es war Isa, der fragte: »Was wollen Sie?«

»Du kennst uns doch von gestern«, sagte ich.

»Mag sein.«

Was sollte das? Als er die Fensterläden wieder schließen wollte, hielt meine Mutter die Flügel fest: »Das ist mein Haus!«

»Das ist Jerusalem!«, entgegnete er.

Meine Haare sind schwarz, die Haare meiner Mutter sind schwarz, aber Isas Miene war in diesem Moment so finster, wie nichts auf der Welt sein kann, vergiftet vom Hass gegen uns, denn er hielt uns ja für Juden. Da sah ich im Hintergrund über dem Bett ein kleines Weihwasserbecken, darüber hing ein Bild der Madonna. Der Rahmen war umrankt mit

Rosen, deren Köpfe so rot waren, dass sie nur aus Plastik sein konnten. Isa und seine Mutter waren gar keine Moslems, sondern Christen. Ich hatte davon gehört, dass es auch Christen unter den Palästinensern gibt. Ich zog das Kreuz aus meiner Jeans und im selben Augenblick hellte sich Isas Miene auf. »Ihr seid keine Juden?«

»Nein«, sagte ich, ehe meine Mutter etwas sagen konnte. »Wir sind fremd hier, aber wir haben das Haus geerbt.«

»Kommt rein«, sagte er.

Wir gingen in die feuchte Wohnung, als würden wir in ein Verließ steigen. Es war so dunkel und die Wände so schimmlig, dass ich mich kaum traute, mich auf die zerfledderte Stoffcouch zu setzen. Wir tranken Tee. Isa übersetzte, was seine Mutter sagte. Er sei ihr jüngstes Kind. Sie habe noch drei Söhne und zwei Mädchen, die aber selbst schon Familie hätten. Isa würde sich um alles kümmern, obwohl er noch so jung sei. Dabei streichelte sie ihm übers Haar. Wir schwiegen. Was sollten wir auch sagen? Meine Mutter und ich wussten beide, dass Isas Familie das Haus niemals kaufen könnte. Dann geschah etwas Merkwürdiges: Eine Biene flog ins Zimmer und setzte sich in die Schale mit Honig. Isas Mutter sah das und tunkte das Insekt langsam mit dem Finger unter. Dann nahm sie sich von der anderen Seite der Schale etwas Honig und aß ihn vom Löffel, als sei nichts geschehen.

Von draußen klang der Ruf des Muezzins hinein. »Gleich hört ihr die Glocken von der Erlöserkirche läuten«, sagte Isa. »Hier in Jerusalem leben die Religionen so dicht beieinander wie sonst nur die Herzen von Liebespaaren.« So etwas Schönes hätte bei uns nie ein Junge gesagt. Nie.

Isa schlug vor, uns die Altstadt zu zeigen. Dabei sah er mir in die Augen, als wolle er mich kennenlernen. Auf den jüdischen Teil Jerusalems mit der Klagemauer wollte er verzichten, da ihn die Kontrollen nervten. Die Juden hätten zurzeit wieder große Angst vor Terroranschlägen, und mit Palästinensern wie ihm würden sie nicht gerade zimperlich verfahren, da jeder Palästinenser in ihren Augen ein Terrorist sein könnte.

Wir liefen genau den Weg zurück, den wir gekommen waren. An der Grabeskirche erklärte er, dass im mittleren, ebenerdigen Teil die griechisch-orthodoxen Christen beten würden, zeigte auf den rechten Teil der Kirche, erklärte, dass dort die armenischen Christen leben würden, erklärte, wo die römisch-katholischen, die äthiopischen, die syrischen Christen und wo die Kopten untergebracht seien. Die Christen hatten sich die Grabeskirche genau aufgeteilt, jedem gehörten ein paar Quadratmeter Erinnerung an Jesus.

Wir wollten gerade hineingehen, da stürmte Polizei heran, überlief uns förmlich. Für einen Moment verlor ich meine Mutter aus den Augen, da sah ich ihr hochgestecktes schwarzes Haar mit den ergrauten Strähnen hinter einem Polizisten. Isa zog mich mit sich in die Kirche. »Sie sind unterwegs zur Moschee.« Die Polizei lasse nur Männer über vierzig Jahre zum Freitagsgebet hinein, weil die Juden Angst hätten, die jüngeren muslimischen Heißsporne könnten vom Vorbeter zur Gewalt aufgehetzt werden. »Wir müssen zu meiner Mutter!«, sagte ich und zog ihn wieder mit hinaus aus der Kirche. Doch Mama war fort.

»Sicher ist auch deine Mutter eben reingerannt und wir haben sie verpasst«, meinte Isa.

Wir suchten in jeder Nische der Kirche, den kleinen und großen Kapellen, die sich in diesem weitverzweigten Gebäude verbargen, schließlich landeten wir im Allerheiligsten, in der Grabkammer von Jesus. Isa bekreuzigte sich; ich tat es ihm nach. Nur der Schein der Kerzen erleuchtete den winzigen Raum. Ich bin nicht gläubig und schon gar keine Christin, aber es war eine Schwingung in dieser Kammer, die sich in meinem Körper ausbreitete und mich andächtig machte. Isa murmelte ein Gebet. Es schien das »Vater unser« auf Arabisch zu sein.

Dann schlug er vor: »Lass uns hoch zum Dach gehen.« Wir gingen hinüber in die Gebetsräume der äthiopischen Priester. Da waren sie wieder, jene hageren dunkelhäutigen Männer, die mir heute früh begegnet waren. Ich schob das Kreuz ganz tief in meine Hosentasche. Als wir die Treppe hinaufgingen, drückte es mir bei jedem Schritt gegen die Leiste. Auf jeder Etage war eine kleine Kapelle, wo die Gläubigen fast in völliger Dunkelheit saßen. Manche der Räume waren obendrein wie Käfige umzäunt von Gittern, als müsse man die goldenen und silbernen Gegenstände auf den Altären schützen. Oben auf dem Dach stieg Isa hinaus ins Licht, als wandere er direkt in den wolkenlosen Himmel. Wir umliefen die Kuppeln der Kirche. Es war merkwürdig, denn auch hier oben gab es wieder Nischen und Türen. »Dahinter leben die Priester«, sagte Isa. Ich konnte kaum glauben, wie viele Winkel und Orte diese Kirche in sich barg.

»Guck mal da!« Isa blickte nach Osten, wo die Minarette und Kirchtürme in den Himmel zeigten. »Da vorne ist der Felsendom, siehst du die goldene Kuppel der Moschee?« Ich nickte. »Da ist Mohammed in den Himmel aufgestiegen und auch mein Vater.«

»Ich denke, du bist Christ. War dein Vater kein Christ?«

»Doch, aber er war dort auf einer Demonstration der Palästinenser für unseren eigenen Staat.« Israelische Polizisten seien gekommen und hätten die Leute zusammengepfercht. Sein Vater sei von der Menge zerquetscht worden.

Ich fasste Isas Hand. »Deshalb kümmerst du dich so um deine Mutter?« Er drückte mir einen Kuss aufs Haar und lächelte mich lieb an: »Manchmal, wenn ich aus der Schule komme, ist die Wohnung ganz durcheinander. Mutter behauptet dann, es seien Leute bei uns gewesen, die alles durchsucht hätten. Aber es waren keine Leute da. Sie bekommt das mit dem Tod von meinem Vater nur nicht hin … Wären da nicht die Sonne und die großen Erinnerungen, wären wir alle längst verloren«, sagte er und nahm mich in den Arm. Ich fühlte mich so wohl, als würde ich ihn schon lange kennen. Dann unterbrach Isa die Stille: »Vielleicht ist deine Mutter einfach nach Hause gegangen.«

Statt die Treppen hinunterzulaufen, liefen wir über die Dächer, denn unten in den Gassen stritten sich die Moslems mit den Polizisten, die die Moschee gesperrt hatten. Als wir über der Muristan Road anlangten, sagte Isa: »Da drüben.« Ich schaute über die Gasse hinweg hinunter zum Haus meines Onkels. Meine Mutter lief wie ein Tier im Zimmer im oberen Stockwerk auf und ab. Unten auf der Straße standen noch die Väter mit ihren Maschinenpistolen und passten auf ihre kickenden Jungs auf. Ich hätte nun zu Mama hinüberrufen müssen, aber ich tat es nicht.

Da drückte mir Isa einen Kuss auf den Mund – ohne eine Annäherung, ohne Vorwarnung. Ich erschrak zuerst, aber in der nächsten Sekunde merkte ich dieses wohlige und gleichzeitig prickelnd schöne Gefühl, das sich ganz in mir ausbreitete. Es ist, als ob durch deine Adern kein Blut mehr fließt, sondern eine magische Art von Brausepulver. Sein Gesicht war dicht an meinem.

Dann sagte er »Tschuldigung« und winkte zu meiner Mutter hinüber.

Sie entdeckte uns und rief erleichtert: »Komm rüber!«

»Ja, Mama!«, antwortete ich, aber ich blieb stehen und wir küssten uns.

»Ich habe noch nie richtig geküsst«, verriet ich ihm.

Isa meinte: »Ich habe noch nie eine Christin wie dich kennengelernt.«

»Würdest du auch eine Jüdin küssen?«

»Sicher nicht.« Er lachte. »Davon kriegt man Herpes.«

Als wir nach Hause kamen und er die israelische Fahne sah, fragte er: »Warum seid ihr keine Juden? Dein Onkel war doch Jude, oder?«

»Weil wir es nicht wollen«, sagte ich.

Mama zeigte mir nach dem Essen ein Fotoalbum von der Familie: meine Urgroßmutter, Opa, Fotos von Mama als Baby, als kleines Mädchen mit Zöpfen und ihrer Katze auf dem Arm. Zu Hause hatten wir kein solches Album, kein einziges Foto von Oma und Opa, nichts, nicht mal Briefe oder so. Nur ein Bild von Papa stand bei Mama auf dem Nachttisch. Er starb bei einem Verkehrsunfall, als Mama schwanger mit mir war. Die beiden wollten damals gerade heiraten, aber… Ich hatte auch Onkel Ehud nie kennengelernt, doch sein Lächeln und seine beiden Grübchen auf dem Foto erinnerten mich sofort an Mama. Als sie das Album zuschlug, sagte ich: »Isa glaubt, ich bin Christin und keine Jüdin.«

»Du bist keine Jüdin«, sagte Mama.

»Für Isa bin ich sicher eine«, entgegnete ich ihr.

»Mag sein. Manche Dinge wird man wohl nie los, so wie die eigene Familie.« Mama nahm einen Karton aus dem Regal, aus dem sie eben das Fotoalbum gezogen hatte. Darin lagen lauter Dokumente: Geburtsurkunden, alte Briefe, Zeugnisse… »Ehud hat unsere Familiengeschichte erforscht.« Aus einem schwarzen Döschen zog sie Filmstreifen heraus. Sie kringelte sich wie Schlangen vor uns. »Weißt du, was da drauf ist?«

Ehe ich noch »Nein« sagen konnte, sagte meine Mutter: »Das Leben von deinem Ururgroßvater. Ehud hat alle Dokumente, die er über ihn finden konnte, fotografiert. Er ehe jedoch mit der Familienchronik beginnen konnte, starb er.

Vielleicht hat er mir deshalb die Häuser hinterlassen, damit ich die Geschichte aufschreiben kann.«

Ich blickte meine Mutter skeptisch an. Schließlich waren wir die einzigen Verwandten gewesen. Wem hätte er sonst alles vererben sollen.

»Einen Stammbaum hat er schon gemalt«, fuhr sie fort und rollte ein Blatt auseinander. »Da sind wir beide.« Mama zeigte auf unsere Namen am Rande des Baumes, ganz dicht bei Onkel Ehud.

An diesem Abend schrieb und schrieb meine Mutter, als habe sie ein neues Alphabet erfunden. Bevor wir zu Bett gingen, sagte sie, ich müsse Isa, bevor wir morgen abfliegen würden, sagen, dass ich keine Christin, sondern eine Jüdin bin.

»Aber ich denke, wir sind keine Juden«, sagte ich.

»Da haben wir uns wohl getäuscht«, meinte sie.

»Was wird aus Isa und seiner Mutter?«

»Wir behalten einfach das Haus und lassen die Miete vom Anwalt auf ein Konto schaffen.«

Meine Mutter hatte sicher gesehen, dass wir uns geküsst hatten, aber sie verlor kein Wort darüber an diesem Abend.

In der Nacht schrieb ich Isa, dass ich keine Christin sei. Ich bat ihn, das Kreuz wieder den äthiopischen Priestern zurückzugeben und vermerkte meine E-Mail-Adresse. Dabei wagte ich kaum zu hoffen, dass er sich bei mir melden würde. Am nächsten Morgen warf ich den Brief auf dem Weg zum Flughafen bei ihm ein.

Es war im Taxi, als Mama plötzlich weinte.

»Was ist los?«

Sie schwieg.

Am Flughafen checkten wir ein und Mama schien sich wieder beruhigt zu haben. Ich musste die ganze Zeit an Isa denken. Wenn er den Brief und das Kreuz finden würde, wäre er sicher sauer, dass ich ihn belogen hatte. Meine Mutter lief in der Wartehalle auf und ab, irgendetwas arbeitete in ihr. Dann sagte sie: »Ich kann nicht losfliegen. Ich muss die Arbeit von Ehud zu Ende bringen. Es muss sein.«

Es war später Nachmittag, als wir nach Jerusalem zurückkehrten. Ich stürmte hinauf in den zweiten Stock, warf den Computer an. Vielleicht hatte Isa ja ein paar Shekel auftreiben können, um mir von einem Internetcafé aus zu schreiben. Es gab Nachrichten. Sarah hatte das neue *Nintendo Dogs*, bei dem man mit einem virtuellen Hund Gassi gehen konnte, und Patrizia fragte an, wann ich denn aus Israel zurückkommen würde. Ihr wäre langweilig ohne mich. Die Osterferien seien absolut öde. Sie bräuchte jemanden zum Quatschen. Je mehr ich las, desto kleiner und leerer erschien mir mein altes Leben.

»Du hast recht«, sagte meine Mutter, obwohl ich nichts gesagt hatte. »Das Leben ist mehr.« Genau da traf eine Mail von Isa ein. »Er hat dir geschrieben?«, fragte sie. Ich nickte. »Dann werde ich dich mal alleine lassen.«

»Woran schreibst du eigentlich im Moment, Mama?«

»Wie wir in Israel angekommen sind und dass du dich verliebt hast…«

»Ich bin nicht verliebt.«

Mama nahm mich in den Arm. »Du solltest dir die Mail von Isa nicht ansehen, sondern zu ihm gehen und ihm alles sagen. Und ich werde keine Geschichten mehr von Ländern schreiben, die es nicht gibt, denn dort gibt es keine Wahrheit.«

Ich ließ die Mail tatsächlich zu und lief zu Isas Haus. Er war nicht da. Ich rannte zu der Gasse, wo Isa Fußball gespielt hatte, als wir uns zum ersten Mal begegnet waren. Erst jetzt bekam ich Angst. Ich war alleine unterwegs und womöglich hielten mich die Palästinenser für eine Jüdin. Und war ich nicht auch eine Jüdin? Da sah ich Isas Freunde und vergaß meine Angst. Sie wussten nicht, wo er sein könnte. Er habe eine neue Freundin, sagten sie. Oh nein! Das durfte doch nicht wahr sein! Kaum war ich weg, hatte er schon eine andere. Dieser Idiot! Ich wollte sofort zurück zu meiner Mutter, aber als ich an der Grabeskirche vorbeikam, hörte ich die Gesänge der Priester. Ich ging in den Seiteneingang zu den Äthiopiern, stieg die Treppen hinauf und höher, bis ich schließlich aufs Dach gelangte, und setzte mich an den Rand einer der Kuppeln. Genau hier war ich auch mit Isa gewesen. Es war wunderschön hier oben, die Sonne tauchte alles in ein sattes Rot, und Jerusalem schien mir trotz der beiden Militärhubschrauber, die dort am Horizont kreisten, wie eine Stadt aus einem Märchen aus Tausendundeiner Nacht.

»Svenja!?«, hörte ich Isas Stimme und drehte mich um.

»Was machst du denn hier?«

»Ich habe an dich gedacht.«

Mein Herz schlug wie verrückt und er küsste mich.

Dann sahen wir Arm in Arm stehend hinüber zur goldenen Kuppel des Felsendoms und ich betrachtete seine Lippen. »Na, du hast ja gar keinen Herpes bekommen.«

Er grinste mich an, kitzelte mich und fragte: »Bist du morgen auch noch da?«

»Ich denke schon.«

»Dann musst du meine Freunde näher kennenlernen.«

»Ich bin eine Jüdin«, sagte ich. Ich hatte das noch nie gesagt.

Er meinte, dass sich die Menschen ändern können. Er habe sich ja auch geändert.

»Aber deine Freunde werde ich dafür doch nicht alle küssen müssen, damit sie sich ändern?«, sagte ich und wir lachten.

Ich habe bis heute Isas Mail nicht geöffnet. Das ist jetzt drei Monate her. Meine Mutter und ich werden in den Sommerferien wieder nach Israel fliegen. Ach ja, Mama hat übrigens einen Reiseführer gekauft und meine Freundin Patrizia hat wissen wollen, ob ich denn keine Angst hätte, noch mal dorthin zu gehen. Nein, die habe ich nicht. »Denn auf meine Mutter wartet dort das Buch ihres Lebens und auf mich wartet in Jerusalem Isa.«

Wolfram Hänel

Jannes Flucht

Janne und ihre Mutter arbeiteten in einer ziemlich üblen Spelunke am Hafen. Jannes Mutter stand manchmal die ganze Nacht in der Küche und kochte für die Seeleute, die auch morgens um fünf noch Hunger hatten. Und Janne selber fegte den Gastraum, machte die Betten und leerte die Risspötte aus. Trotzdem hatten Janne und ihre Mutter kaum genug, um zu überleben. Sie teilten sich ein schmales Bett oben unterm Dach und waren froh, wenn die Matrosen etwas zu essen übrig ließen.

»Wir müssen hier raus«, jammerte Jannes Mutter ein ums andere Mal, »bevor wir selber verhungern oder von den Wanzen aufgefressen werden.«

Aber es war überall im Hafen das Gleiche, und überall waren Frauen und Kinder, die für einen Teller dünner Suppe die schlimmsten Arbeiten machen mussten.

Es gab nur eine einzige Möglichkeit, dem Elend zu entfliehen. Sie mussten sich von einem Schiff mitnehmen lassen, irgendwohin, wo sie es leichter haben würden.

»Nach Spanien«, sagte Jannes Mutter, »da soll es sogar im Winter noch warm sein.«

Janne und ihre Mutter waren nicht die Einzigen, die wegwollten. Doch die Kapitäne der großen Segelschiffe wollten keine Frauen und Kinder an Bord nehmen. Sie glaubten, das würde Unglück bringen und das Schiff würde mit Mann und Maus versinken.

Janne und ihre Mutter waren schließlich so verzweifelt, dass Jannes Mutter sogar den Knochenbrecher fragte. Der Knochenbrecher war der gefürchtetste Piratenkapitän weit und breit. Es hieß, er könnte einem Mann mit der bloßen Hand die

Knochen brechen. Keiner traute sich, ihm zu nahe zu kommen, alle hatten Angst vor ihm. Vor allem, wenn er zu viel Wein getrunken hatte und Streit suchte.

Aber Jannes Mutter ging trotzdem zu ihm. Doch der Knochenbrecher lachte nur, dass man seine fauligen Zahnstummel sah.

»So, ihr wollt also weg?«, brüllte er. »Und was kriege ich dafür, wenn ich euch mitnehme?«

»Wir könnten kochen und Eure Kajüte sauber halten, Herr«, schlug Jannes Mutter leise vor.

»Das reicht mir nicht«, brüllte der Knochenbrecher, »ich will Geld sehen! Hundert Goldtaler, und die Sache ist geritzt.«

»Hundert Goldtaler?«, stammelte Jannes Mutter entsetzt. So viel Geld hatten sie noch nie besessen.

»Hundert Goldtaler!«, brüllte der Knochenbrecher noch mal und schlug mit der Faust auf den Tisch, dass die Weinkrüge wackelten. Einen Moment lang stierte er vor sich hin. Dann winkte er plötzlich Janne zu sich. Seine kleinen Augen funkelten böse.

»Geh zu meinen Schiff und hol mir meinen Papagei her«, sagte er. »Ich will Gesellschaft. Die Holzköpfe hier gehen mir auf die Nerven!«

Er zeigte auf seine Kumpane. Die anderen Piraten grölten vor Lachen, als hätte er einen besonders guten Witz gemacht.

Janne nahm ihre alte Jacke vom Haken und machte sich auf den Weg.

»Sei vorsichtig«, flüsterte ihre Mutter ihr noch zu, bevor die Tür hinter ihr ins Schloss fiel.

Es war stockfinster draußen. Und es regnete. Ab und an huschte eine Ratte über den Weg.

Janne hätte am liebsten geheult. Wenn sie doch nur das Geld hätten, um dem Knochenbrecher die Überfahrt zu bezahlen! Die paar Wochen auf dem Schiff würden sie schon durchstehen, selbst wenn sie von morgens bis abends die Planken schrubben müssten. Aber dafür wären sie dann auch irgendwann in Spanien, und Janne brauchte nie wieder Pisspötte auszuleeren oder aus lauter Angst vor betrunkenen Seeleuten zu zittern.

Auf dem Piratenschiff brannte eine einzelne Laterne. Ein Wachposten lag schlafend auf dem Deck. Janne konnte sein Gesicht nicht erkennen, aber sie sah, dass er ruhig und tief atmete. Vorsichtig stieg sie über ihn hinweg und nahm die Laterne vom Haken.

Die Kapitänskajüte war nicht schwer zu finden. Der Papagei saß auf seiner Stange und legte den Kopf schief, um Janne zu beobachten.

»Keine Angst«, flüsterte Janne, »ich tu dir nichts. Ich bin nur gekommen, um dich zu deinem Kapitän zu bringen.«

Sie streckte die Hand aus und strich dem Papagei vorsichtig über die Federn. Der Papagei hüpfte auf ihre Schulter und rieb seinen Kopf an ihrem Hals.

Janne guckte sich um. Überall glänzten goldene Becher und auf dem Tisch stand eine offene Kiste mit Schmuck und Juwelen.

Der Knochenbrecher ist so reich, dass er die ganze Stadt kaufen könnte, dachte Janne. Und trotzdem will er noch mehr!

Als der Papagei plötzlich direkt neben ihrem Ohr loskrächzte, fuhr Janne vor Schreck zusammen.

»Der Schatz ist in der Truhe«, krächzte der Papagei und flatterte aufgeregt mit den Flügeln. »Der Schatz ist in der Truhe!«

Janne war sich nicht sicher, ob sie den Papagei eben wirklich richtig verstanden hatte. Und der Papagei war auch schon wieder still. Er zupfte nur mit seinem Schnabel an Jannes Haaren. Als sollte sie sich zur Wand drehen. Janne hielt die Laterne ein Stück höher. Und tatsächlich, an der Wand stand eine Truhe!

Janne wusste nicht, was sie machen sollte.

»Der Schatz ist in der Truhe!«, krächzte der Papagei wieder. »Der Schatz ist in der Truhe!«

Janne blickte sich um, dann nahm sie allen Mut zusammen und streckte die Hand vor. Aber der Deckel war natürlich verschlossen.

Oben auf dem Deckel waren dicke Nieten. Als Janne genauer hinguckte, entdeckte sie, dass eine Niete heller glänzte

als die anderen. Wieder streckte sie die Hand vor. Die Niete ließ sich bewegen! Janne drückte ein bisschen fester. Im selben Moment sprang das Schloss auf.

»Der Schatz ist in der Truhe«, krächzte ihr der Papagei ins Ohr, »der Schatz ist in der Truhe!«

Janne hob den Deckel an. Die Truhe war bis zum Rand gefüllt mit kleinen Säckchen aus Segeltuch, jedes ungefähr so groß wie eine Männerfaust. Und auf jedem stand: 100 Dukaten.

Der Papagei flatterte wieder mit den Flügeln.

Janne nahm einen Sack heraus. Der Sack war ziemlich schwer, und durch das Segeltuch konnte Janne die Goldmünzen fühlen.

Janne überlegte nicht mehr lange. Der Knochenbrecher würde nie merken, dass ein Sack fehlte. Es waren viel zu viele Säcke in der Truhe. Und keiner konnte sehen, ob es nun einer mehr oder weniger war.

Janne drückte den Deckel zu, bis das Schloss einrastete. Dann schob sie den Sack in ihre Jackentasche und nahm die Laterne hoch. Der Papagei hüpfte auf ihrer Schulter auf und ab.

»Danke«, flüsterte Janne und kletterte zurück aufs Deck. Sie hängte die Laterne wieder an den Haken. Der Wachposten schlief immer noch.

Janne schlich durch die dunklen Gassen zurück zum Wirtshaus. Als sie durch die Hintertür in die Küche kam, stand ihre Mutter am Herd und schälte Kartoffeln.

»Er will Kartoffeln haben«, jammerte sie. »Jetzt, mitten in der Nacht!«

Janne holte den Sack mit den Goldmünzen aus ihrer Jackentasche. Es dauerte eine Weile, bis ihre Mutter begriff, was sie da vor sich hatte. Und dann bekam sie Angst und wollte am liebsten, dass Janne das Gold zurückbrachte.

Aber Janne schüttelte den Kopf und nahm ein altes Tuch vom Tisch. Sie packte die Münzen in das Tuch und strich dem Papagei noch einmal übers Gefieder. Dann ging sie in den Schankraum.

»Ah, endlich!«, brüllte der Knochenbrecher. »Na los, komm her, bring mir den hässlichen Krächzer!«

Janne nahm den Papagei von ihrer Schulter. Der Papagei legte wieder den Kopf schief und kniff ein Auge zu.

»Ich hab noch was«, sagte Janne und schob das Tuch mit den Münzen über den Tisch. »Genau hundert Goldmünzen, wie Ihr verlangt habt, Herr.«

Der Knochenbrecher guckte sie ungläubig an.

»Das ist alles, was wir gespart haben«, sagte Janne, »mehr haben wir nicht.«

»Ich glaub dir kein Wort«, knurrte der Knochenbrecher. »Das habt ihr irgendeinem Seemann gestohlen, soviel ist sicher. Aber egal!«, brüllte er dann. »Geld ist Geld!«

Gierig stopfte er sich die Münzen in die Tasche.

»Ist noch was?«, fragte er, als Janne sich nicht vom Fleck rührte.

»Wann fahren wir?«, fragte Janne und zitterte vor Angst, dass der Knochenbrecher sein Wort nicht halten würde.

Der Knochenbrecher schien einen Moment lang zu überlegen. »Deine Mutter nehme ich mit«, sagte er dann. »Sie kann das schmierige Köchlein ersetzen, das im letzten Sturm über Bord gegangen ist. Aber dich will ich auf meinem Schiff nicht sehen. Ich hab keinen Platz für eine heulende Göre!«

Ich bin keine heulende Göre, wollte Janne schon sagen, aber im letzten Augenblick fiel ihr etwas Besseres ein. Sie tat so, als würde sie sich die Tränen aus den Augen wischen, und schluchzte: »Wenn Ihr mich nicht wollt, Herr, dann lasst wenigstens meinen Bruder mitfahren! Er ist genauso alt wie ich, und er ist bestimmt ein guter Schiffsjunge. Er fürchtet sich nicht und macht, was man ihm sagt. Bitte, Herr!«

»So, einen Bruder hast du also auch«, knurrte der Knochenbrecher. »Na, meinetwegen, dann soll er die Planken schrubben!« Der Knochenbrecher lachte schmutzig, bevor er erklärte: »Morgen zur Mittagszeit setzen wir die Segel! Aber sag deiner Mutter, dass sie pünktlich sein sollen, ich warte nicht! Und jetzt lauf und hol mir meine Kartoffeln!«

»Danke, Herr«, flüsterte Janne, »Ihr werdet es nicht bereuen!«

Als der Knochenbrecher endlich die Kartoffeln gegessen hatte und mit den letzten seiner Saufkumpane zum Schiff zurückgeschwankt war, holte Janne die große Schere aus der Schublade.

»Schneid mir die Haare kurz«, verlangte sie von ihrer Mutter. »Und dann müssen wir eine Hose und ein Hemd für mich finden. Ab heute Mittag bin ich nämlich ein Junge!«

Entsetzt schlug Jannes Mutter die Hände vors Gesicht.

»Das klappt nie«, jammerte sie. »Er wird es merken und uns beide über Bord werfen.«

»Gar nichts wird er merken«, sagte Janne und versuchte, ihre Stimme möglichst tief und rau klingen zu lassen. »Du darfst nur nicht vergessen, dass du jetzt keine Tochter mehr hast, sondern einen Sohn. Er heißt übrigens einfach Jan. Und er hat ganz schön Muskeln und benimmt sich, wie sich ein Junge eben benimmt.«

Zum Beweis zeigte sie die festen Muskeln an ihrem Oberarm und spuckte auch gleich noch auf den Boden.

Immer noch jammernd griff Jannes Mutter nach der Schere. Aber als sie dann eine Weile später im flackernden Talglicht Jannes neue Frisur betrachtete, nickte sie und sagte: »Vielleicht hast du recht. Vielleicht klappt es wirklich.«

»Es muss klappen«, erwiderte Janne nur, »es ist unsere einzige Chance.«

Sie brauchten nicht lange, um die paar Habseligkeiten, die sie besaßen, zusammenzusuchen. Im ersten Morgengrauen standen sie vor der Tür. Janne trug ein altes Seemannshemd unter ihrer Jacke. Die Hose, die ihre Mutter in irgendeinem Winkel gefunden hatte, war viel zu groß. Aber sie hatte die Hosenbeine umgeschlagen und sich ein Tuch um die Hüften geknotet und so ging es einigermaßen.

»Lass uns schnell verschwinden hier«, sagte Jannes Mutter. »Nicht dass der alte Glatzkopf noch wach wird und nach uns sucht.«

Der alte Glatzkopf war der Besitzer der Spelunke, in der sie bis heute gearbeitet hatten. Aber es war kaum ein Risiko, dass er ihre Flucht entdecken würde. Er schlief meistens bis weit in die Mittagszeit hinein, Janne konnte sich nicht erinnern, ihn jemals am frühen Morgen gesehen zu haben.

Sie hasteten durch die Gassen, in denen noch kaum eine Menschenseele zu sehen war. Einmal torkelte ihnen ein zahnloser Alter in den Weg und lallte: »Ich hatte auch mal einen Sohn wie du, aber er ist weg, weit weg …«

Janne und ihre Mutter liefen weiter bis zum Hafen und Janne zeigte ihrer Mutter das Piratenschiff. Nur ein einziger Mann war an Deck. Er warf mit seinem Messer nach dem Mast, immer wieder und wieder.

Janne und ihre Mutter drückten sich in einen schmalen Durchgang zwischen den Häusern und teilten einen Kanten hartes Brot und die letzten kalten Kartoffeln, die sie aus der Spelunke mitgenommen hatten. Dann lehnten sie Schulter an Schulter und warteten. Janne nickte ein und träumte von einem Land, in dem immer die Sonne schien und sie mit ihrer Mutter in einem kleinen Haus wohnte, das ihnen ganz allein gehörte.

Als die Glocken vom Kirchturm zur Mittagszeit schlugen, schreckte sie hoch.

»Es ist so weit«, sagte ihre Mutter. »Lass uns gehen. Und lass uns zu Gott beten, dass kein Unglück geschieht.«

Das Piratenschiff lag bereits fertig zur Abfahrt. Zum ersten Mal las Janne jetzt den Namen, der mit großen Buchstaben auf die Planken am Bug gepinselt war: BUNTER HUND.

An der Reling lehnten ein paar Männer und grölten, als sie Jannes Mutter sahen. Aber das kannte sie ja schon aus der Spelunke und kümmerte sich nicht weiter um das Pfeifen und die schmutzigen Rufe. Der Mann mit dem Messer war nirgends zu sehen. Aber dafür stand der Knochenbrecher da. Auf seiner Schulter saß der Papagei.

Als er Janne sah, legte er den Kopf schief und flatterte mit den Flügeln. Im nächsten Moment krächzte er: »Der Schatz ist in …«

»Halt den Schnabel, du hässlicher Vogel!«, brüllte der Knochenbrecher. »Sonst drehe ich dir den Hals um!«

Der Papagei steckte den Kopf unter sein Gefieder und war still.

Aber der Knochenbrecher schien plötzlich Verdacht geschöpft zu haben. Er musterte Janne aus zusammengekniffenen Augen.

Janne merkte, wie ihre Knie anfingen zu zittern.

»Hast du den gottverdammten Krächzer hier schon mal irgendwo gesehen?«, fragte der Knochenbrecher argwöhnisch.

Janne schüttelte den Kopf.

Und Jannes Mutter setzte hinzu: »Natürlich nicht, Herr. Wer euren Papagei gestern geholt hat, war meine Tochter. Und das hier ist mein Sohn.«

»Das sehe ich selber«, blaffte der Knochenbrecher sie an. »Und wie heißt er, der Sohn?«, wollte er dann wissen.

»Jan«, sagte Janne mit tiefer Stimme. »Ich heiße Jan.«

»Komisch«, wunderte sich der Knochenbrecher. »Wieso habe ich dich nie bei euch im Wirtshaus gesehen?«

»Er ist ein wenig einfältig im Kopf«, erklärte Jannes Mutter schnell. Ihre Stimme zitterte leicht. »Viel mehr als seinen Namen kann er nicht sagen. Deshalb hatte ich ihn immer bei mir in der Küche. Aber er tut, was man von ihm verlangt.«

»Ein kleiner Dummkopf also«, knurrte der Knochenbrecher. »Dann sieh zu, dass ich ihn nicht mehr zu sehen kriege, als unbedingt nötig. Am besten behältst du ihn in der Kombüse. Habt ihr mich verstanden?«

Noch einmal musterte er Janne von Kopf bis Fuß.

»Jan«, wiederholte Janne. »Ich heiße Jan.«

»Ein ausgemachter Dummkopf«, sagte der Knochenbrecher und nickte. Aber er schien zufrieden zu sein und schickte Janne und ihre Mutter unter Deck.

Die Kombüse starrte vor Schmutz. Auf dem Herd und in den Töpfen klebten schimmelige Essensreste, und der Fußboden war so schmierig, dass Janne angewidert das Gesicht verzog. In einer Ecke entdeckte sie frische Mäuseköttel.

Am Ende der Kombüse war ein mottenzerfressener Vorhang, dahinter gab es eine Hängematte.

»Die ist groß genug für uns beide«, stellte Jannes Mutter fest. »Wir müssen uns so hinlegen, dass meine Füße neben deinem Kopf sind und umgekehrt, dann haben wir genug Platz.«

»Ich hoffe nur, du hast dir die Füße gewaschen«, kicherte Janne. Dann nahm sie ihre Mutter schnell in den Arm und hielt sie für einen Moment ganz fest. »Es ist ja nicht für lange«, flüsterte sie. »Bald sind wir in Spanien.«

Über ihnen an Deck hörte sie schwere Stiefel poltern. Irgendjemand brüllte einen Befehl. Die Holzplanken knarrten. Janne und ihre Mutter spürten, wie sich das Schiff in Bewegung setzte.

Die Tage auf See verliefen eintönig. Zu Anfang hatte Janne viele Holzeimer mit Meerwasser in die Kombüse geschleppt, und ihre Mutter hatte geputzt und gescheuert, bis alles blitzblank war. Ein Seemann hatte ihnen den Schlüssel für die Vorratskammer gebracht. Da gab es Fässer voll Salzfleisch und Zwieback. Und oben an Deck war ein Hühnerstall. Die Hühner waren nur für den Knochenbrecher. Wenn er Frikassee haben wollte, musste Jannes Mutter ein Huhn schlachten. Heimlich briet sie dann die Leber und das Herz für Janne.

Janne versuchte, möglichst wenig mit den Piraten zu tun zu haben. Wenn sie jemand ansprach, brummte sie nur irgendeine Antwort und lief schnell weiter. Das Essen für den Knochenbrecher brachte Jannes Mutter selbst in die Kapitänskajüte.

Nur nachts trauten sich Janne und ihre Mutter für eine kurze Zeit an Deck. Dann lehnten sie nebeneinander an der Reling und guckten zu den Sternen hinauf. Oder betrachteten die silberne Bahn, die der Mond auf das Wasser zeichnete. Janne war sich sicher, dass die silberne Bahn geradewegs nach Spanien führte.

Einmal traute sich Janne nachts alleine an Deck. Ihre Mutter schlief schon, aber Janne war es in der stickigen Enge der Kombüse zu warm geworden.

Mit leisen Schritten tappte sie über das Schiff. Als sie unter dem Großmast stand, legte sie den Kopf in den Nacken. Der Mann hoch oben im Ausguck war kaum mehr als ein dunkler Schatten zwischen dem schwarzen Spinnengewirr der Seile und Wanten.

Aus einer offenen Luke dröhnte das Schnarchen der Männer herauf. Ein Huhn gackerte im Schlaf. Das Schiff schaukelte leise in der Dünung.

Janne schlich weiter, bis sie fast bei dem großen Steuerrad angekommen war. Jetzt sah sie auch den Mann, der breitbeinig da stand und das Rad mit beiden Händen hielt. Im fahlen Mondlicht meinte sie plötzlich, sein Gesicht zu erkennen. Das war der Mann, der im Hafen mit seinem Messer auf den Mast geworfen hatte!

Gerade wollte Janne sich wieder davonstehlen, da hörte sie seine leise Stimme.

»Komm ruhig näher«, sagte der Mann, »in der Nacht ist niemand gern allein.«

Janne war sich nicht sicher, ob der Mann wirklich sie meinte. Seine Augen blickten seltsam leer und sein Gesicht war halb zur anderen Seite gedreht.

»Jetzt komm schon«, wiederholte er. »Ich weiß, dass du da bist. Aber pass auf, wenn du die Treppe hochsteigst. Die dritte Stufe von unten ist locker.«

Janne wäre am liebsten weggerannt. Aber sie konnte nicht. Es war, als würden ihre Beine nicht länger ihr gehorchen, sondern nur der leisen Stimme des Steuermanns.

Sie setzte einen Fuß auf die schmale Treppe. Die dritte Stufe ließ sie aus. Dann stand sie neben dem Steuerrad.

Der Mann nickte, seine Augen waren starr und schienen direkt über Janne hinwegzublicken.

»Ich heiße Jan«, sagte Janne leise und mit tiefer Stimme.

»Und ich bin der Kaiser von China«, erwiderte der Mann.

Janne wusste nicht, was er meinte. Aber als er jetzt die Hand ausstreckte und nach ihrem Arm tastete, wurde ihr klar, dass der Mann blind sein musste. Und ehe sie groß überlegte, fragte sie auch schon: »Sie können mich nicht sehen, richtig?«

Die Hand des blinden Steuermannes legte sich schwer auf ihre Schulter.

Janne wagte kaum zu atmen.

Es dauerte eine Weile, bis der Steuermann ihr antwortete. Und dann war seine Stimme kaum mehr als ein heiseres Flüstern.

»Ich bin blind«, sagte er. »Aber ich kann ein Schiff durch die Nacht steuern, besser als jeder Mann, dem seine Augen in der Dunkelheit ja doch nichts nützen. Der Wind und die Wellen zeigen mir den Weg.«

»Ich habe Sie im Hafen gesehen, wie Sie mit dem Messer nach dem Mast geworfen haben«, flüsterte Janne zurück.

»Ein Blinder sollte niemals so hilflos sein, dass er sein Messer nicht mehr zu gebrauchen weiß, sonst gnade ihm Gott. Und ich bin zwar blind, aber nicht dumm«, setzte er dann noch leiser hinzu, während seine Finger über Jannes Schulter tasteten. »Was ich hier fühle, ist nicht die Schulter eines Jungen.«

Janne zuckte vor Schreck zusammen und machte sich los.

»Ich bin Jan«, wiederholte sie, obwohl sie längst wusste, dass es zu spät war.

Der blinde Steuermann hatte ihren Schwindel entdeckt! Und sicher würde er alles dem Knochenbrecher erzählen und dann …

Ohne dass sie es wollte, musste Janne schluchzen.

Aber der Steuermann sagte nur: »Erzähl mir deine Geschichte. Und fang ganz von vorne an, in der Nacht, in der du hier warst, um den Papagei zu holen.«

»Das wissen Sie auch?«, flüsterte Janne entsetzt. »Sie … Sie waren der Wachposten, der schlafend an Deck gelegen hat!«, rief sie dann, als ihr alles klar wurde. »Aber Sie haben gar nicht geschlafen …«

»Als du kamst, waren deine Schritte leicht«, sagte der Steuermann. »Als du wieder gegangen bist, hast du mehr getragen als nur den Papagei. – Und jetzt warte ich auf deine Geschichte.«

Und wieder war es so, als hätte Janne keinen eigenen Willen mehr. Als müsste sie tun, was der Steuermann ihr sagte. Selbst wenn es ihr Verderben sein sollte.

Stockend fing Janne an zu erzählen.

Von der Spelunke, in der sie und ihre Mutter arbeiten mussten, ohne Lohn und ohne sich auch nur einmal richtig satt essen zu können. Und wie sie nur noch eine einzige Möglichkeit gesehen hatten, um dem Elend zu entfliehen.

Als sie alles gesagt hatte, fügte sie leise schluchzend hinzu: »Bitte erzählen Sie das nicht dem Knochenbrecher, sonst weiß ich nicht, was werden soll. Und das mit den Dukaten, die ich gestohlen habe, war ganz und gar meine Idee, meine Mutter wusste nichts davon, glauben Sie mir!«

»Morgen werden wir einen Hafen anlaufen«, sagte der Steuermann anstelle irgendeiner Antwort. »An der französischen Küste. Der Knochenbrecher wird Messer und Säbel kaufen für unsere nächste Kaperfahrt. Dafür ist das Geld in der Truhe gedacht. Und glaub bloß nicht, dass er nicht wüsste, wie viel Säcke mit Geld er hat. Er hat jeden einzelnen Dukaten gezählt!«

»Aber dann«, schluchzte Janne, »ist alles vorbei. Dann wird er uns bestrafen!«

»Oder euch an jemanden verkaufen, der gutes Geld für eine Köchin und ein Küchenmädchen zahlt«, nickte der Steuermann. »Und dann sitzt ihr wieder in einer Spelunke fest.«

»Lieber springe ich über Bord«, jammerte Janne verzweifelt.

»Pscht«, machte der Steuermann und legte den Finger vor die Lippen. »Sag nicht so was, Mädchen! Hör mir erst mal zu Ende zu. Ich kenne da in diesem Hafen eine Frau, die mit ihrem Eselskarren über die Marktplätze zieht und den Leuten Lieder singt. Sie fährt bis weit hinunter in den Süden, bis zur spanischen Grenze. Ich bringe euch heimlich zu ihr und rede mit ihr, dass sie euch mitnimmt. Aber wir müssen schnell sein, ihr müsst von Bord, sowie wir angelegt haben. Ich werde sagen, dass ich im Hafen etwas zu besorgen habe und jemanden brauche, der mich begleitet.«

»Danke«, flüsterte Janne. »Aber warum tun Sie das? Sie werden selber Ärger bekommen mit dem Knochenbrecher …«

»Pah!«, antwortete der Steuermann. »Was kann er einem Blinden schon tun? Und warum ich das mache, ist eine lange Geschichte. Zu lang, um sie jetzt zu erzählen. Aber ihr müsst mir einen Gefallen tun.«

»Jeden«, versprach Janne.

»Ihr müsst den Papagei mitnehmen. Er hat mehr Grips als alle Mann auf dem Bunten Hund zusammen. Er gehört nicht auf ein Piratenschiff. Ich werde ihn unter meiner Jacke mit an Land nehmen und dann verschwindet ihr mit ihm auf Nimmerwiedersehen. Und jetzt lauf und erzähl deiner Mutter alles, damit sie Bescheid weiß!«

»Danke«, flüsterte Janne noch mal und sprang die steile Schiffstreppe hinunter.

Diesmal achtete sie nicht auf die lose Stufe. Das Holz klapperte laut unter ihren bloßen Füßen. Aber für Janne klang es wie eine Tür, die krachend aufflog. Wie die Tür von dem Gefängnis, aus dem sie nun hoffentlich doch noch mit heiler Haut entkommen würden.

Annette Herzog

Isländer

Ich war zwölf, als wir nach Island reisten: Meine Eltern, meine achtjährige Schwester Nanna und ich. Es war vor allem Papas Traum gewesen, diese Insel aus Feuer und Eis zu erleben. Mama bezeichnete das, was wir uns vorher in den Reisebüchern angesehen hatten, als die reine Mondlandschaft, und irgendwie hatte sie recht. Bäume gab es hier so gut wie gar nicht. Vom Flugzeug aus sahen wir endlos verzweigte Flüsse, in Kraterkesseln standen kreisrunde Seen, die die hellblaue Farbe von Swimmingpools hatten, an anderen Stellen dampfte es aus der Erde wie aus riesigen kochenden Töpfen. Ein großer Teil der Landschaft war von Gletschern und Bergen bedeckt.

»Kein Wunder, dass man hier abergläubisch werden und an Gespenster glauben kann«, sagte Mama.

»Tun die Isländer das?«, lachte ich.

Das Haus, das Papa gemietet hatte, stand auf einem breiten Streifen Grasland, der das Meer von einer hohen, kahlen Bergkette trennte. Es war ein ehemaliger Bauernhof und lag nicht weit von einer enormen Steilküste entfernt, an deren Felsen der Atlantik brandete. Das Haus war nur über einen holprigen Weg mit wassergefüllten, tiefen Löchern zu erreichen. Mama hatte gleich Angst bekommen, dass wir das Auto kaputt fahren würden, das wir am Flughafen gemietet hatten. Sie hatte sich nur Papa zuliebe zu dieser Reise überreden lassen und den letzten Abschnitt der Fahrt hatte sie angespannt auf dem Beifahrersitz gesessen und sich am Haltegriff festgehalten. Angesichts der grünen Wiesen mit Schafen und Pferden, die das Haus umgaben, hatte sie sich zum Glück wieder beruhigt, auch wenn *mir* die kahle Mond- und Kraterlandschaft, durch die wir anfangs gefahren waren, weitaus aufregender vorgekommen war. Trotzdem war es auch hier nicht übel. In der Ferne waren winzig klein noch zwei andere Häuser zu sehen, ansonsten waren wir mit Wiesen, Meer, Bergen, einem grauen Himmel und angriffslustig über uns kreisenden Seeschwalben allein. Die Natur war nicht nur großartig, sie lärmte auch. Vom Meer her drangen das Krachen der Brandung und schrilles Möwengekreisch zu uns und von der Bergseite das Donnern eines riesigen Wasserfalls. Er stürzte von einer dunkelgrauen Felswand in die Tiefe und wurde zu einem Fluss, der sich seinen Weg durch die Wiese bahnte, bis er schließlich im Atlantischen Ozean endete. Wir gingen gleich am ersten Abend zu ihm hin. Es war schwer, sich vor-

zustellen, wie dasselbe Wasser, das hier in mehreren harmlos wirkenden Flussarmen idyllisch plätschernd über rund gespülte Steine hüpfte, kurz vorher noch ein gefährlicher Wasserfall gewesen war.

Meine Schwester Nanna wollte natürlich gleich auf die andere Seite und zog sich die Sandalen aus, aber sie hatte nur drei Schritte gemacht, bevor sie entsetzt ans Ufer zurücksprang. »Das Wasser ist eisig!«, rief sie und Papa lachte: »Ja natürlich, es kommt auch vom Gletscher.«

»Du musst über die Steine springen, wenn du rüber willst!«, sagte ich und machte es ihr vor. Aber das traute sich Nanna nicht, weil ihr der Abstand zwischen den Steinen zu groß vorkam, weil sie nass und rutschig waren und weil manche von ihnen wackelten, wenn man darauf trat.

Auf dem Rückweg zog ich sie damit auf. »Angsthase! Traut sich nicht über einen kleinen Bach, weil sie Schiss hat, ins Wasser zu fallen!« Es machte Spaß, Nanna zu ärgern, weil sie immer gleich wunderbar wütend wurde.

»Das war kein Bach, sondern ein Fluss!«, fauchte sie. »Außerdem traue ich mich! Ich hatte nur nicht die richtigen Schuhe an!«

»Wollen wir wetten, dass du dich auch mit anderen Schuhen nicht traust?«, stachelte ich sie an. »Wenn du rüberkommst, kriegst du fünf Euro von mir. Wenn nicht, musst du mir dein nächstes Taschengeld geben.«

Das war hart, das wusste ich, denn Nanna hatte seit Wochen ihr mickriges Taschengeld gespart, um auf einem Islandpferd reiten zu können. Sie warf mir einen funkelnden Blick zu.

»Na gut!«, fauchte sie. »Du wirst schon sehen!«

Wenn es Spaß machte, Nanna zu ärgern, so machte es noch mehr Spaß, ihr abends im Bett Schauermärchen zu erzählen. Papa hatte mir vorgelesen, dass es ein Gebirge gab, in das sich die Isländer bis ins letzte Jahrhundert nicht vorgewagt hatten, weil es hieß, dass sich dort gefürchtete Verbrecher aufhielten. Diese Geschichte schmückte ich für Nanna noch etwas aus. Aus dem Gebirge, dessen Namen ich vergessen hatte, machte ich die Berge hinter unserem Haus. »Dort lebt immer noch eine Gruppe ehemalige Schiffsmeuterer«, sagte ich, während es vor dem kleinen Fenster dunkel wurde und die Bergrücken schwarzen Ungeheuern glichen. »Sie sind völlig verwildert, und niemand weiß, wovon sie eigentlich leben. Es heißt, dass sie Menschen entführen, die sich bei Wanderungen in den Bergen verirrt haben. Das kommt hier nicht selten vor.« Ich gab gern damit an, dass ich älter war und mehr wusste als Nanna, die dann oft unsicher war, ob sie mir glauben konnte oder ob ich sie auf den Arm nahm.

»Du lügst ja, ich glaube dir nicht«, sagte Nanna, aber sie klang bereits kleinlaut. Und als ich fortfuhr: »Manchmal kommt einer von ihnen, meist als alter Fischer getarnt, in die abseits gelegenen Dörfer. Und wenn er wieder weg ist, fehlt hinterher immer ein Kind«, kam sie zitternd zu mir ins Bett. Ich hatte mein Ziel erreicht.

Es verging eine Woche, bevor wir wieder zum Fluss kamen. Wir waren viel mit dem Auto gefahren und hatten lange Wanderungen durch kahle, gelbe Berge gemacht, wo es nach faulen Eiern roch und wo in Erdlöchern und Bächen kochendes Wasser blubberte. Nanna war geritten, und Papa und ich hatten Papageitaucher beobachtet, lustige, bunte Vögel, die wie eine Mischung aus Pinguinen und Papageien aussahen.

Am Abend zuvor waren wir von einem Ausflug so spät nach Hause gekommen, dass Mama und Papa uns erlaubt hatten, am nächsten Tag zu Hause zu bleiben. Sie selbst wollten in die nächste Stadt, um einzukaufen, denn in unserer Nähe gab es weit und breit keinen Laden.

Es war Nanna, die vorschlug, zum Fluss zu gehen. Die Sonne schien, es war sommerlich warm und nur vor den Bergen türmten sich Wolken auf. Ich schwitzte in meiner Jacke, während wir an der Pferdekoppel entlanggingen, wo Nanna natürlich erst einmal die Pferde mit Gras füttern musste.

»Du musst aber *schwören*, dass du mir die fünf Euro auch wirklich gibst, wenn ich über den Fluss komme«, sagte sie, als wir weitergingen. Sie hatte ihre Wanderschuhe angezogen und sah fest entschlossen aus.

»Ich meine natürlich nur, wenn du über *alle* Flussarme kommst, also über den *ganzen* Fluss«, sagte ich, weil ich mein Geld schließlich auch nicht verschenken wollte.

Nanna zuckte mit den Achseln. »Na und?«, sagte sie. »Glaubst du, ich trau mich nicht?«

Sie wurde etwas stiller, als wir ankamen. Auch mir kamen der Fluss diesmal breiter, die Abstände zwischen den Steinen größer, das Wasser tiefer vor.

»Siehst du, jetzt kriegst du trotzdem Schiss«, lästerte ich.

Nanna ging auf der Suche nach einer passierbaren Stelle langsam flussaufwärts in die Richtung, in der der Wasserfall weiß schäumend von der Felswand stürzte. Der Fluss hatte sich in mehrere Arme geteilt, Bäche, die sich hier und da trafen, um ein Stück gemeinsam durch die abschüssige Wiese zu fließen, die sich dann wieder voneinander trennten, neue Verzweigungen bildeten und dazwischen hügelige Grasinseln schufen.

Ich folgte Nanna in einem immer größer werdenden Abstand und rief ihr nach: »Vergiss es! Da kommst du nicht rüber!« Vielleicht hätte ich ihr klarmachen sollen, dass auch ich heute nicht so unbeschwert über die Steine gesprungen wäre wie letztens. Der Fluss führte einfach mehr Wasser. Aber dann schien sie eine Stelle gefunden zu haben. Sie rief mir aus der Ferne etwas zu, was ich wegen all des Wasserrauschens nicht verstand, und gleich darauf sah ich sie über drei oder vier aus dem Wasser ragende Steine hopsen. Sie kam mir auf der anderen Seite entgegengelaufen. »Siehst du!«, rief sie triumphierend und wedelte mit den Armen.

Weit kam sie allerdings nicht, denn ein anderer Flussarm, ein wenig schräg laufend, schnitt ihr den Weg ab.

»Komm zurück!«, sagte ich.

»Nein, über den komme ich auch!«, rief sie und hopste, mutig geworden, auch über diesen Bach.

»Komm wieder zurück, Nanna!«, rief ich etwas dringlicher. »Du kriegst deine fünf Euro auch so!«

Nanna war auf meine Höhe zurückgekommen. Wir standen zehn Meter voneinander entfernt und blickten – jeder von seiner Seite – auf die zwei sprudelnden Bäche, die uns voneinander trennten. Sie waren an den meisten Stellen kaum breiter als zwei Meter, aber das Wasser, das sie führten, kam mir auf einmal reißend vor. Dort, wo wir standen, waren sie nicht überquerbar.

»Du musst den gleichen Weg nehmen, den du gekommen bist, wenn du zurückwillst«, sagte ich.

Nanna widersprach nicht. Ich sah so etwas wie Sorge in

ihrem Blick, und auch mir wurde plötzlich ein bisschen mulmig. Wir liefen wieder flussaufwärts, aber bald war Nanna erneut der Weg abgeschnitten.

»Ich weiß nicht mehr, wo ich rübergesprungen bin.« Sie ging suchend auf und ab, probierte es an verschiedenen Stellen, zögerte jedes Mal und entfernte sich auf diese Weise immer weiter von mir.

»Wohin läufst du denn?«, rief ich ihr nach. »Komm zurück!«

»Ich will ja!«, kam die Antwort. »Aber ich kann nicht!«

»Dann zieh die Schuhe aus und geh barfuß durchs Wasser!«

Ich sah, wie sie sich ins Gras setzte, um meinem Befehl Folge zu leisten. Sie warf die Schuhe auf die andere Seite des Baches, kam auch bis zur Mitte, stolperte oder schwankte, stand auf einmal gebückt und bis über die Knie im Wasser, umklammerte einen Stein und rief hilflos: »Ich habe Angst, dass mich das Wasser umreißt!«

»Quatsch!«, rief ich. »Du kannst dort nicht stehen bleiben!« Aus meiner Unruhe war auf einmal Angst geworden. Mir war eingefallen, was Papa vorgelesen hatte: dass man Flüsse am frühen Morgen überqueren sollte, wenn sie am wenigsten Wasser führten. Tagsüber ließ die Sonne den Schnee auf den Berggipfeln schmelzen und die Flüsse reißender werden. Genau das schien gerade der Fall zu sein, ich hatte bloß nie im Leben gedacht, dass das so schnell gehen konnte. Erst jetzt fiel mir auf, dass die Sonne verschwunden war. Wir waren plötzlich in Nebel gehüllt, der kurz darauf in einen feinen Nieselregen überging. Selbst die Berge hatten sich dahinter versteckt und waren nur noch als dunkle Schatten erkennbar. Das Wasser in den Bächen schien von Minute zu Minute reißender zu werden. Ich hetzte flussaufwärts, um eine Stelle zu finden, an der ich auf die andere Seite springen konnte, um

Nanna zu Hilfe zu kommen. Ich sah kaum noch ihre Umrisse, und was sie mir zurief, konnte ich im Tosen all des Wassers nicht verstehen. Verzweifelt hielt ich nach Hilfsmitteln Ausschau. Gab es nicht ein Brett oder einen Balken, den ich als Brücke benutzen konnte? Aber bis auf Steine und Gras gab es hier gar nichts, und die Steine steckten viel zu tief in der Erde, als dass sie mir von Nutzen sein konnten. Wie lange konnte man in dem eisigen Wasser stehen? Konnte der Fluss so reißend werden, dass er Nanna in den Ozean spülte? Die harmlosen Flussarme waren innerhalb kürzester Zeit zu wilden Flüssen geworden. Ich entschloss mich verzweifelt, die Suche nach einer schmaleren und zum Springen geeigneten Stelle aufzugeben, und stürzte mich stattdessen in Schuhen und Hose in den Fluss. Obwohl mir das Wasser nur bis an die Knie reichte, rammte mich die Strömung mit solch einer Wucht, dass ich zwei Meter mitgerissen wurde, bevor ich ein Grasbüschel packen und mich auf der anderen Seite an Land ziehen konnte. Dann stürzte ich in die Richtung, in der ich Nanna vermutete, die ich jetzt weder sah noch hörte.

War es Einbildung, dass ich den Mann im Nebel auftauchen sah? Er saß auf einem großen Stein, hatte den Kopf in ein paar riesige Hände gestützt, einen Hut auf dem Kopf und blickte mich unverwandt an. Ich blieb wie gelähmt stehen. Papas Geschichte von den Verbrechern in den Bergen fiel mir ein. *War* das in dieser Gegend? Was nun, wenn es stimmte, dass sie Menschen entführten, die sich verlaufen hatten? Eine Nebelschwade schob sich zwischen die dunkle Gestalt und mich, und als der Wind sie wieder vertrieben hatte, war zwar der Stein noch da, auf dem der Mann gesessen hatte, aber er selbst war verschwunden.

Erst jetzt wurde ich richtig panisch.

»Nanna!«, schrie ich und bekam nur Wassergetöse zur Antwort. Überall um mich herum war nun Wasser: Ich war links und rechts von Flussarmen eingeschlossen, und aus den feinen Nieseltropfen war richtiger Regen geworden. Ich musste Hilfe holen. Aber woher? Der Nebel war so dicht, dass ich nicht einmal mehr erkennen konnte, in welcher Richtung sich die Berge befanden oder wo sich das Meer verbarg. Ich lief auf gut Glück in die Richtung, aus der ich glaubte gekommen zu sein, durchquerte erneut mit Schwierigkeiten den reißenden Bach und konnte nur hoffen, dass es auch der richtige war. Dann stand ich tatsächlich wieder im Trockenen. Ich erkannte auch den Pfad, den wir gekommen waren, stürzte zurück in die Richtung, in der ich unser Haus vermutete, und überlegte fieberhaft, was ich tun konnte. Unsere Eltern konnten noch nicht zurück sein. Zu den zwei entfernt liegenden Häusern war es zu weit. Ich dachte an Nanna, die hilflos im Wasser stand. Ein Balken, Bretter, eine Brücke. Wo nahm man Balken her? Oder wenigstens Stöcke, mit denen man sich abstützen konnte …

Wie von einer rettenden Hand gesendet tauchte vor mir im Nebel auf einmal ein Pfahl auf. Es verging ein Augenblick, bevor ich begriff, dass er zu dem Zaun gehörte, der die Pferdekoppel umgab. Ich riss daran, er saß fest. Auch der nächste Pfahl ließ sich nicht aus der Erde ziehen, und während ich noch daran rüttelte, erschreckte mich ein großer Schatten, der sich unweit von mir aus dem Nebel schälte und auf mich zugelaufen kam. Ein eisiger Angstblitz jagte durch meinen Bauch, ehe ich kapierte, dass es ein harmloses Pferd war. Ein grau-weiß gescheckter Isländer mit weißer Mähne stieß mich mit feuchtem Maul an.

Ich musste nicht lange überlegen. Ich wusste ungefähr, wo sich das Tor zur Koppel befand, und während ich den Zaun entlanghetzte, betete ich, dass es Nanna gelungen war, sich auf einer der Grasinseln zwischen den Flussarmen in Sicherheit zu bringen.

Das Problem war, dass ich nicht reiten konnte. Isländer sind nicht groß, und es bereitete mir keine Mühe, mich auf ihren Rücken zu schwingen. Wie aber sollte ich einem Pferd klarmachen, in welche Richtung es gehen sollte und dass es einen reißenden Bach überqueren musste? Mein Blick fiel auf den Strick, mit dem das Tor der Koppel an einem Zaunpfahl festgemacht worden war. Ich hatte Glück: Er war mehrmals herumgeschlungen und das überschüssige Ende lag nass und schmutzig im Gras, aber die Länge reichte. Ich schätzte sie auf acht Meter. Der Knoten, mit dem das Seil am Pfahl festgebunden war, ließ sich nicht lösen, zum Glück hatte ich ein Taschenmesser dabei. Fluchend und hektisch schnitt und sägte ich. Wer hatte sich Messer ausgedacht, mit dem man nicht einmal einen Strick kappen konnte? Das letzte Stück rieb ich an einer scharfen Steinkante durch. Warum dauerte alles so unendlich lange? Mit klammen, mehr vor Aufregung als vor Kälte zitternden Händen wickelte ich das Seil um das Maul des weiß-grauen Pferdes, das in meiner Nähe geblieben war, und legte eine Schlinge hinter seine Ohren. Dann bemühte ich mich, so beruhigend ich konnte, auf das Tier einzureden.

»Wir müssen meiner Schwester helfen, bitte beeil dich«, bettelte ich mit zitternder Stimme, während ich dicht neben ihm ging und es so sanft wie möglich mit mir mitzog. Es trabte so bereitwillig neben mir her, dass ich es wagte, zu rennen, und auch dies ließ das Pferd mit sich geschehen. Als wir am Fluss angelangt waren, hatte es aufgehört zu regnen, und hinter den Wolken schälte sich zögernd eine weiße, milchige Sonne hervor. Ich kam mir auf einmal fast wie in einem Märchenfilm vor. Die übernatürliche Landschaft mit diesem seltsamen, weißlichen Licht, neben mir der hellgraue Schimmel, vor mir der brausende Fluss. Und dann begann sich auch noch der Nebel zu heben, wie ein feiner Schleier, der nach oben gezogen wird. Muss ich meine Erleichterung schildern, als er den Blick auf Nanna freigab? Sie stand hilflos etwa fünfzig Meter von mir entfernt auf einer der Grasinseln, die von zwei breiten Flussarmen umspült wurde. Es war die gleiche Situation wie zu Beginn, nichts hatte sich an unserer Lage gebessert, noch immer war der Fluss reißend, noch immer saß Nanna fest, und dennoch: Kein Mann hatte sie entführt, kein Strom mitgerissen, und nun hatte ich ein Pferd. Als sie mich entdeckte, winkte sie heftig.

»Bleib stehen!«, schrie ich ihr zu. »Ich komme!«

Noch einmal kämpfte ich mich durch die reißende Strömung des ersten Flussarmes, wobei mir das Pferd eine Hilfe war. Es ging bereitwillig neben mir durch das Wasser und hatte nicht einmal etwas dagegen, dass ich mich an seinem Hals festhielt. Auch zwei weitere Bäche durchquerten wir gemeinsam, bevor mich nur noch ein letzter, allerdings sehr breiter Flussarm von meiner Schwester trennte, die barfuß und mit blauen Lippen auf einem Stein stand und von der Kälte geschüttelt wurde. Diesen letzten Arm zu passieren, war ganz unmöglich, ich probierte es und gab es gleich wieder auf. Das milchkaffeegraue Wasser tobte um die Steine, spritzte, schäumte und hätte mir die Beine unter dem Leib weggerissen. Aber ich hatte das Pferd. Ich knotete das freie Seilende um einen länglichen Stein, rief Nanna zu: »Fang auf!« und warf ihn über den Fluss. Während Nanna lief, um den Stein aufzuheben, hielt ich das Pferd am Hals fest. Dann klopfte ich ihm ermutigend auf den Rücken, während Nanna es mit Hilfe des Seils und mit aufmunternden Zurufen zu sich auf die andere Seite zu ziehen versuchte. Anfangs zögerte es und wendete sich ab. Aber als wir nicht nachgaben und ich es noch ein wenig anschob, trat es mit suchenden Schritten zwischen die Steine des wild gewordenen Flusses. Es schien keine Schwierigkeiten zu haben, der Strömung standzuhalten, und als Nanna schließlich triumphierend seinen Rücken bestieg, kam es mir vor, als wäre auch das Pferd stolz auf sich.

Nanna *konnte* reiten. Ich war erstaunt, wie sie das Pferd auch ohne Zaumzeug zu lenken verstand. Sie durchquerte problemlos alle Flussarme und ich hielt mich an ihnen fest.

»Jetzt musst du mir die fünf Euro geben, die du versprochen hast!«, forderte sie, als wir in Sicherheit waren. »Ich habe die Wette gewonnen!«

»Als ob mir das was ausmachen würde.« Nichts war mir im Augenblick gleichgültiger als eine Wette um ein paar Euro. Ich wollte nur noch nach Hause. Wir brachten das Pferd zurück, Nanna drückte und küsste es zum Abschied, den Rest des Weges rannten wir.

»Ich habe einen Mann gesehen, als ich auf der Insel stand«, flüsterte Nanna, als sie abends in meinem Bett lag. Unseren Eltern hatten wir von unserem Abenteuer nichts erzählt.

»Du spinnst!«, sagte ich, denn ich hatte mir inzwischen eingeredet, dass er ein Hirngespinst war.

»Doch«, beharrte sie. »Er saß im Nebel auf einem Stein und hat mich angesehen. Er hatte lange Haare und einen Hut auf dem Kopf. Ich habe mich weggedreht, weil ich Angst hatte. Als ich wieder hingeguckt habe, war er weg, nur der Stein war noch da.«

»Einbildung«, sagte ich. »Reine Hirnfantasie.«

»Vielleicht wollte er mich entführen und kam nicht an mich ran?«, fragte sie.

Ich drehte mich um und sah vor dem Fenster die Bergkette, die in der Dämmerung einem schwarzen Ungeheuer glich, das hundertmal größer war als unser Haus. Kein Wunder, wenn man hier an Geister zu glauben begann. Ich wollte auf einmal nach Hause.

Thomas Fuchs
Dunkel

Würde mich jemand fragen, ob ich meine Heimatstadt kenne, so hätte ich bis zum letzten Freitag Ja gesagt. Logisch!

Doch inzwischen weiß ich, dem ist nicht so. Es gibt eine Welt in meiner Welt, die mir unbekannt ist.

Ich war mit Freunden im Kulturcafé in der Nordstadt. Ich war schon öfters in der Nordstadt. Dort finden im Sportpark meist die Hockeyturniere statt. Und mein Freund Emil wohnt dort. Ich habe auch schon mehrfach bei ihm geschlafen. Zudem, so groß ist unsere Stadt eigentlich gar nicht. Um sich hier zu verlaufen, so sagt mein Vater immer beruhigend zu meiner Mutter, müsste man sich schon ziemlich anstrengen.

Dachte ich auch.

Jedenfalls bin ich wenige Tage nach Neujahr am späten Nachmittag in der Schnellbahn mit den Kumpels hoch in die Nordstadt. Es war kalt, am Vortag hatte es zu schneien begonnen, und so wie der Himmel aussah, würde es mit dem Schneefall auch so schnell wohl nicht wieder aufhören. Ursprünglich wollten uns unsere Eltern mit dem Auto fahren, doch angesichts der glatten Straßen haben wir uns lieber für die Schnellbahn entschieden. Diese Schnellbahnlinie ist neu gebaut, der ganze Stolz der Verkehrsbetriebe. Für die neue Strecke hat man massenhaft Straßen aufgebuddelt, Röhren versenkt und wieder zugeschüttet. Im Prinzip ist sie eine U-Bahn, doch aus irgendwelchen Gründen darf sie so nicht heißen.

Paul, Nils, Finn, Julian und ich wollten zu einem Konzert. Es spielte die Band von Finns älterem Bruder, wir hatten Backstage-Karten. Mit unseren Eltern war abgesprochen, dass wir zusammen zum Konzert und zusammen wieder zurückfahren würden. So weit der Plan.

Doch daraus wurde nichts.

Denn der superkluge Nils kam auf die noch superklügere Idee, von der Bühne aus einen *stage diver* zu machen. Ich meine, wie bescheuert muss man denn da sein? Vor der Bühne hatten sich vielleicht mal fünfzig Leute versammelt. Als Nils unvermittelt losspurtete, um sich in die Publikumsmenge zu stürzen, da taten die, was jeder vernünftige Mensch getan hätte, wenn plötzlich jemand auf einen herunterstürzt. Man geht zur Seite. Ist doch so! Wenn ein Popstar das in einer Halle versucht, wo sich tausend Leuten eng zusammengepresst vorne an der Bühne drängeln, okay. Da wird der Star natürlich von massenhaft Armen aufgefangen und schwimmt quasi auf der Menge. Doch zum einen war Nils weder ein Star, noch hatten sich vor der Bühne Menschenmassen versammelt. Die Nostars waren eher ein Geheimtipp.

Jedenfalls landete Nils einfach so auf dem Boden. Er blutete tierisch aus einer Platzwunde am Kopf und hatte sich echt übel den Brustkorb gestaucht. Er japste nach Luft. Das Konzert musste unterbrochen werden, Sanitäter kamen und Nils wurde ins Krankenhaus gebracht. Paul ist mitgefahren, damit Nils nicht so allein war. Nach einer Dreiviertelstunde konnten die Nostars endlich weitermachen. Aber da war es schon halb acht, und ich hatte meinen Eltern versprechen müssen, vor acht Uhr wieder zu Hause zu sein. Es war Spätherbst, da ist es um diese Zeit bereits dunkel. Doch Finn und Julian wollten noch nicht gehen, sie sagten, sie würden bis zum Ende bleiben. Ich hab versucht, meine Eltern anzurufen und zu fragen, ob ich das auch so machen darf, aber da war niemand zu erreichen. Nicht einmal über Handy. Da meine Eltern, was Absprachen angeht, echt pingelig sind, bin ich also dann alleine los. Damit hatte ich zwar die zweite Verabredung gebrochen, aber egal. Ich dachte mir: lieber pünktlich alleine zurück als in der Gruppe verspätet.

Ein Fehler, wie sich herausstellen sollte.

Ich bin zur Schnellbahnhaltestelle gegangen, runter ins Tiefgeschoß auf den Bahnsteig und keine zwei Minuten später kam die Bahn. Es können drei, womöglich auch vier Stationen weiter gewesen sein, als es plötzlich dunkel wurde.

Stockdunkel.

So dunkel, dass man gar nichts sah. Nichts mehr, absolut überhaupt nichts. Wenn ich sage, man konnte nicht mehr die Hand vor Augen sehen, dann war das so. Noch nie in meinem Leben habe ich so eine Dunkelheit erlebt. Das war so dunkel, wie wenn man nachts die Augen zu hat! Es war echt der Horror. Dazu das Quietschen der Schnellbahn, die

Schreie der Leute im Wagen. Und ich mittendrin so ganz allein.

Ich wartete darauf, dass die Notbeleuchtung angehen würde, aber nichts geschah.

Ich wartete darauf, dass der Fahrer eine Durchsage machen würde, aber nichts geschah.

Ich wartete darauf, dass sich einer der Erwachsenen kümmern würde, aber nichts geschah.

Ich wartete darauf, dass überhaupt irgendetwas passieren würde, aber es geschah wirklich gar nichts.

Abgesehen davon, dass immer mehr Leute begannen, mit ihren blau schimmernden Handydisplays zumindest etwas Licht zu machen. Was für allgemeine Irritation sorgte, war jedoch, dass keines der Handys Netzkontakt hatte.

Es war offensichtlich, was passiert war. Stromausfall. Wie die meisten Erwachsenen um mich herum sagten, zwar unangenehm, aber nicht bedrohlich.

Vielleicht zehn Minuten lang folgten die Leute im Wagen den Anweisungen auf den kleinen roten Schildchen neben den Fenstern. Sie bewahrten Ruhe, warteten auf eine Durchsage, verließen nicht die Bahn. Aber irgendwann wurden die ersten Leute echt panisch. Auch ich gehörte zu der Gruppe, die dafür war, die Türen aufzubrechen und irgendwie aus dieser dunklen Röhre herauszukommen. Okay, von einem anderen Zug überfahren zu werden, war zwar ein mögliches Risiko, aber so wie es aussah, fuhr hier unten gar nichts mehr! Doch bevor wir aktiv werden konnten, öffnete sich die vordere Tür und ein Mann streckte den Kopf herein. In der Hand hielt er eine Taschenlampe.

»Guten Abend, ich bin der Fahrer. Wir haben einen Stromausfall. So wie es aussieht, im gesamten Streckennetz. Daher werden wir jetzt den Wagen verlassen und uns auf den Weg zur nächsten Station machen. Das sind etwa zwei-, vielleicht dreihundert Meter. Bitte bleiben Sie zusammen, helfen Sie einander, achten Sie darauf, dass niemand zurückbleibt.«

Also sind wir raus aus den Wagen in den pechschwarzen Tunnel. Wir sind hinter dem schwankendem Licht der Taschenlampe die Schienen entlang. Und wirklich, nach wenigen Minuten hatten wir die nächste Station erreicht. Doch auch hier totale Dunkelheit. Wir sind die Treppe vom Ausgang hinauf – und dann der Schock.

Auch oben war alles dunkel.

Vollständig dunkel.

Na ja, nicht vollständig. Die Autos hatten ihre Scheinwerfer an. Und es waren Leute mit Taschenlampen auf der Straße und eben Handys. Aber sonst …

Die Straßenlampen – tot.

Die Läden unten in den Häusern – dunkel.

Die Fenster in den Wohnungen – dunkle Löcher. Mitunter war Kerzengeflacker zu sehen. Oder herumhüpfende Taschenlampen. Die Häuser selbst waren nur teilweise zu erkennen. Sie verschwanden nach oben im Dunkeln. Normalerweise liegt ja immer so eine Lichtglocke über der Stadt, aber jetzt war über uns der Himmel einfach nur schwarz. Man konnte echt nicht sagen, wo ein Haus aufhörte, es war einfach eine dunkle Decke über unserer Stadt ausgebreitet.

Das war echt gespenstisch. Aber noch gespenstischer war, dass der Schnee in der Dunkelheit gar nicht mehr so richtig weiß aussah. Nur dort, wo die Schneeflocken in den Lichtstrahl eines Autoscheinwerfers kamen, leuchtete es weiß. Ansonsten schien es mir so, als ob die gleichmäßig herunterfallenden Flocken eher Licht schluckten. Alles noch dunkler machten.

So weit ich das überblicken konnte, war Stau in jeder Straße, da bewegte sich gar nichts mehr. Busse, Taxis, Privatwagen, alles saß fest. Als ich mich durch die stehenden Autos

zur ersten Kreuzung vorgearbeitet hatte, wusste ich auch, warum. Auch die Verkehrsampeln waren tot. Und so wie es aussah, waren auf den Kreuzungen entweder die Autos zusammengestoßen oder hatten sich einfach gegenseitig den Weg abgeschnitten. Zwar wurde überall herumgehupt und rangiert, doch es war kein Durchkommen. Selbst das Signalhorn der Feuerwehr, es kann auch die Polizei gewesen sein, war zwar zu hören, kam aber weder näher, noch entfernte es sich. Offensichtlich steckte auch die Polizei fest.

Ich hab versucht, ganz ruhig zu bleiben. Das kennt man ja aus Filmen und Büchern: »Bleiben Sie ruhig, bewahren Sie die Ruhe, keine Panik, die Situation ist unter Kontrolle.«

Aber ehrlich gesagt, meine Situation war überhaupt nicht unter Kontrolle.

Ich wusste null, was ich jetzt machen sollte. Ich wusste ja nicht einmal, wo ich genau war. Ich erkannte meine Stadt in dieser Dunkelheit einfach nicht wieder.

Wie man es uns in der Grundschule beigebracht hatte, habe ich versucht, einen Polizisten zu finden. Vergeblich. Also habe ich einfach so Leute angesprochen. Um Hilfe gebeten. Aber die haben mich einfach stehen lassen. Sind in der Dunkelheit an mir vorbeigegangen. Dann bin ich in ein Lokal, wollte den Besitzer bitten, ob er meine Eltern anrufen könne. Doch der Wirt sagte nur:

»Tot, so eine Kacke. Alles tot. Mobilfunk, Festnetz, alles hin. Und meine Küche liegt auch flach. Nicht mal die Zapfanlage geht noch. Und Heizung! Kannst du auch vergessen!«

Er bot mir noch an, mit ihm und den anderen zwei Gästen bei Kerzenlicht in der Kneipe zu warten: »Viel zu gefährlich so allein da draußen. Sei klug, Junge, warte hier, irgendwann kommt der Strom wieder. Dann rufen wir deine Eltern an und die holen dich ab.«

Doch das wollte ich nicht.

Ich dachte, kein Problem, so groß ist unsere Stadt doch gar nicht. Ich bin alt genug, dann laufe ich eben nach Hause. Die ersten zwei Blocks ging es noch ganz gut, ich dachte, cool. Ist doch eigentlich eine super Erfahrung …

Doch dann musste ich offenbar an einer Straßenecke falsch abgebogen sein. Denn plötzlich waren da kaum noch Leute um mich herum. Und die Häuser sahen nun so fremd aus. Ich hab versucht, mich anhand der Straßenschilder zu orientieren. Aber in der Schwärze waren die nicht zu entziffern. Und wieder Leute anzusprechen, traute ich mich nicht mehr. Denn anders als auf der Hauptstraße waren die Leute hier gar nicht richtig zu erkennen. Entweder waren sie im Dunkeln sowieso nicht auszumachen, oder, wenn sie eine Taschenlampe hatten, dann waren sie hinter dem Licht erst recht nicht zu erkennen. Einmal habe ich mich dennoch überwunden und eines dieser herumwandernden Lichter angesprochen. Das Ergebnis war, der Lichtstrahl wurde auf mein Gesicht gerichtet, blendete mich total und eine Stimme sagte aus dem Schwarz: »Sorry, ich habe selbst keine Ahnung, wo ich bin.« Dann ging er weiter. Und ich sah die nächsten Minuten noch weniger, denn meine Augen mussten sich erst wieder an die Dunkelheit gewöhnen.

Ich hab versucht, den Weg zurück zu der großen Straße zu finden, aber irgendwie habe ich das nicht geschafft. Was mich wunderte, inzwischen waren nicht einmal mehr Autos zu sehen. Gut, es parkten einige am Straßenrand, aber die Straßen selbst waren wie tot.

Und dann war da dieses Klirren. Tierisch laut, fast direkt vor mir. Und im Anschluss daran kamen mir vier oder fünf Jugendliche entgegengerannt. Sie hätten mich fast umgerannt. Unmittelbar danach knirschte es unter meinen Turnschuhen und es pikste mich etwas in meinen linken Fuß.

Dann blendete mich erneut ein Lichtstrahl und ein Mann brüllte: »Stehen bleiben! Hab ich dich, du Dieb, du! Schweinerei, mein Schaufenster einzuschlagen. Aber dafür wirst du zahlen.«

Obwohl es in meinem Fuß immer mehr weh tat, bin ich losgerannt. Einfach geradeaus, es war nicht im eigentlichen Sinne ein Rennen, mehr ein Schlittern durch den Schnee. Aber ich wollte nur weg. Logisch, die Jugendlichen hatten offenbar dem Mann sein Schaufenster eingeschlagen und geplündert. Aber ich doch nicht!

Erst zwei Blocks weiter bin ich stehen geblieben. Zum einen, weil ich nicht wusste, wohin ich eigentlich rannte, zum anderen, weil mein Fuß immer mehr wehtat. Ich konnte nur noch humpeln. Aber ohne Licht konnte ich nicht nachsehen, was da genau so wehtat. Ich spürte, wie mir Tränen in die Augen stiegen, und ich war so verzweifelt wie noch nie zuvor in meinem Leben. In meiner Not versuchte ich es einfach am nächstbesten Haus, ich klingelte, aber nichts passierte. Logisch, ohne Strom funktioniert ja auch keine Klingel. Ich hämmerte gegen die Tür, aber niemand öffnete mir. »Hilfe, bitte aufmachen! Ich bin verletzt«, schrie ich. Aber nichts passierte. Nur mein Fuß schmerzte immer heftiger. Schließlich sackte ich heulend auf der Treppenstufe in den Schnee.

»Was hast du?«, sagte da unvermittelt jemand mit komischem Akzent aus der Dunkelheit.

»Hilfe, ich brauche Hilfe! Mein Fuß!«

Ein Feuerzeug blitzte auf. Endlich konnte ich meinen Fuß sehen.

»Scheiße, das blutet ja!«, schrie ich auf.

»Das blutet sogar ziemlich!«, rief der Mann mit dem Feuerzeug. Mein halber linker Turnschuh war bereits rot gefärbt. Mir stiegen Tränen in die Augen.

»So kannst du nicht weitergehen. Wo wohnst du?«

Ich sagte dem Mann meine Adresse. Er antwortete: »Keine Ahnung, wo das ist. Da müssen wir erst deinen Fuß versorgen. So kannst du nicht weitergehen!«

Er hob mich hoch und trug mich die Straße entlang, dann in eine Einfahrt hinein. Dort im Innenhof brannte ein Feuer. Nicht irgendein Feuer, sondern so eines dieser Feuer, die man aus den amerikanischen Filmen kennt. Eine Blechtonne, ein offenes Ölfass und um das Ölfass herum standen echt bizarre Leute. Punks, Stadtstreicher, die Art Leute, die normalerweise am Bahnhofsvorplatz herumhängen. Und jetzt erst, durch den Lichtschein des offenen Feuers, konnte ich erkennen, was für ein Mann mich da auf dem Arm hatte. Er war noch nicht so alt, überall im Gesicht tätowiert. Ein Ring in der Nase. Er trug so militärartig gefleckte Klamotten. Der Mann brachte mich zum Feuer und setzte mich auf eine Holzkiste. Mir wurde ganz anders zumute. Warum war ich Idiot nicht in der Sicherheit der Kneipe geblieben? Unter was für Leute war ich nun geraten?

Der Mann zog mir, ohne mich zu fragen, den Schuh aus und da war der Socken echt knallrot. Mir wurde sofort schlecht, denn ich kann kein Blut sehen. Er streifte mir den Socken ab und dann sagte er: »Da steckt was.«

Er fummelte an meinem Fuß und dann piekste es wieder,

aber irgendwie anders und er sagte: »Fettes Teil! Ging echt durch die Sohle!« Er hielt mir eine etwa anderthalb Zentimeter lange Glasscherbe vors Gesicht.

»Hat wer ein Tempo? Oder ein Pflaster? Irgendetwas Sauberes!«

Die Leute rings umher begannen, ihre Taschen zu durchwühlen. Aber ergebnislos. Dann endlich fand jemand einen Schal. Der Mann begann, meinen Fuß damit zu verbinden, irgendjemand brachte einen neuen Socken. Ein anderer eine Decke.

»Wo bin ich eigentlich?«, fragte ich. »Wer seid ihr?«

»Wer wir sind?«, fragte der tätowierte Mann zurück. »Ist doch egal. Spielt das eine Rolle? Hast du Hunger? Etwas Warmes?«

Ich nickte. »Aber es gibt doch keinen Strom!«

»Hatten wir hier noch nie!«

Jemand hielt mir eine geöffnete Dose Ravioli entgegen, in der ein Löffel steckte. »Am Deckel anfassen, ist echt heiß«, warnte der Kerl.

Die Dose war von außen total verrußt, und erst jetzt sah ich, dass auf dem Rand der Feuertonne noch eine ganze Batterie derartiger Dosen stand.

»Lecker. Esst ihr die öfters?«, fragte ich nach den ersten Bissen. Noch nie hatte ich so leckere Ravioli gegessen. Sie waren köstlich. Und so wunderbar heiß!

»Nein. Ich hab im Dunkeln nur danebengegriffen!«, erklärte mir eine Frau.

Ich überlegte für einen Moment, ob ich weiterfragen sollte, warum sie im Dunkeln einkaufen geht, aber da ich die Antwort gar nicht wissen wollte, behielt ich meine Frage für mich.

»Dann lebt ihr hier also?«, bemerkte ich nach ein paar weiteren Löffeln.

Ein paar nickten.

»Wo bin ich hier eigentlich?«, fragte ich. »Ich hab echt keine Ahnung, wo ich bin. Ich glaub, hier war ich noch nie!«

Ein älterer Mann sagte mir einen Straßennamen, den ich schon einmal gehört hatte.

»Nicht weit von der Fürstenwall«, erklärte mir ein anderer. Klar, die Fürstenwall kannte ich. Das war unser großes Shoppingcenter in der Innenstadt.

»Echt, hier bin ich? Sieht so anders aus.«

»Nebenstraßen …«, murmelte einer.

»Tut's weh?«, fragte der tätowierte Mann.

Ich schüttelte den Kopf.

»Du musst trotzdem zum Arzt. Tetanusspritze.«

Ich schüttelte den Kopf. »Nicht nötig.« Ich hasse Spritzen.

»Aber klar doch. Glaub mir, ich hab schon Leute an so etwas verrecken sehen.«

»Und wie soll ich laufen?«

Der Mann verschwand aus dem Feuerschein und kam mit einem vollen Einkaufswagen zurück. Er begann, die Flaschen und Dosen aus der Karre zu räumen, dann hob er mich einfach hinein.

»Hilft mir noch jemand?!«

Zwei weitere Gestalten lösten sich vom Feuerschein, und ohne dass ich etwas machen konnte, schoben und zogen sie mich durch den Schnee auf die Straße. Noch immer war alles dunkel. Und noch immer war die Gegend hier fast menschenleer. Die drei bugsierten die Karre die Straße entlang, bogen einmal nach rechts ab, dann nach links und unvermittelt waren wir wieder auf einer Hauptstraße. Inzwischen floss hier der Verkehr wieder. Zwar langsam, aber immerhin.

Der tätowierte Mann trat auf die Fahrbahn, stellte sich einfach vor eines der langsam rollenden Autos, zwang die Fahrerin anzuhalten. Bevor die Frau reagieren konnte, hatte ein anderer die hintere Tür geöffnet und dann nahm mich der Tätowierte und wuchtete mich einfach in das Auto. Zu der fassungslosen Fahrerin sagte er nur: »Der hat sich verlaufen. Er ist verletzt, bringen Sie ihn ins Krankenhaus.«

Dann waren er und die anderen weg.

Die Frau, sie war etwa so alt wie meine Mutter, sah mich entsetzt an.

»Guten Tag«, sagte ich kleinlaut. »Ich, ich würde ja wieder aussteigen, aber ich habe nur noch einen Schuh. Und ich blute am Fuß.«

Sie starrte mich noch immer geschockt an.

»Ich kenne die Leute von eben auch nicht. Aber die haben mir geholfen. Ich hab mich verlaufen.«

»Wie heißt du?«

»Johannes«, antwortete ich.

»Okay, Johannes …« Sie drehte sich um und fuhr wieder an. »Wo wohnst du?«

Ich sage ihr die Adresse. Sie nickte. »Scheiß Stromausfall.«

»Ich saß in der Schnellbahn fest!«

»Ich im Aufzug!«, erwiderte die Frau.

»Echt? Wie war das?«, fragte ich.

»Scheiße.« Die Frau schüttelte sich. »Erst die Panik, nicht rauszukommen, dann siebenundzwanzig Stockwerke zu Fuß runter.«

»Wo fahren wir jetzt hin?«, fragte ich. »Wo wohnen Sie?«

»Außerhalb. Aber dich bringe ich ins Krankenhaus.«

»Okay.«

Jetzt, so im warmen Auto sitzend, fand ich die ganze Situation gar nicht mehr so schlimm. Vorhin, als ich alleine im Dunkeln durch den Schnee geirrt war, da hatte ich echt Schiss gehabt. Doch nun, sicher im warmen Auto, war das alles irgendwie spannend. Nur der Fuß tat so blöd weh.

Durch die Autofenster sah ich die dunkle Stadt draußen, noch immer war alles schwarz, aber es waren nur noch wenige Menschen zu sehen. Keine Ahnung, wohin die sich alle verkrochen hatten.

Die Frau bog ab und plötzlich, wie eine Erscheinung, erstrahlte vor uns das Krankenhaus.

»Wow, die haben Strom!«, entfuhr es mir.

»Notstromaggregat!«, erklärte die Frau. Sie stoppte vor dem Eingang. Ich öffnete die Tür.

»Warte, Johannes, ich helfe dir!«

»Danke!«

Die Frau stützte mich, während ich auf einem Bein durch den großen Eingang hineinhüpfte und dann sagte da plötzlich jemand: »Joe, was machst du hier?«

Der Jemand war Paul.

»Ich hab mich geschnitten!«

»Guten Tag!« Wie aus dem Nichts tauchte auch Nils' Vater auf.

Tja, und das war es dann. Die Frau hat mich an Nils' Papa übergeben, der es noch vor dem Stromausfall ins Krankenhaus geschafft hatte. Ich hab mich bei der Frau bedankt und dann ist sie weg. Mein Fuß wurde genäht, ich bekam meine Spritze und dann hat Nils' Papa Nils, Paul und mich heimgefahren.

Irgendwann, wir waren noch unterwegs, ging dann unvermittelt wieder der Strom an. Das war cool anzusehen, als so schlagartig wieder alles zu leuchten begann.

Zu Hause angekommen war meine Mama tierisch entsetzt, als sie hörte, was mir widerfahren war. Mein Vater war noch mit dem Auto unterwegs. Er war aufgebrochen, um uns im Kulturcafé abzuholen. Meine Mama weinte, als sie meinen Fuß sah. Und als später in der Nacht mein Papa heimkam, da weinte sie gleich noch einmal.

Zwei Tage später bin ich dann nach der Schule los, um meinen zweiten Turnschuh zu holen. Außerdem hatte mein Vater gesagt, ich müsse mich bei dem Mann bedanken. Aber obwohl ich den Straßennamen noch in Erinnerung hatte, wiedergefunden habe die Toreinfahrt mit der Feuertonne nicht mehr. Es sah im Tageslicht alles so anders aus. Sosehr ich auch suchte. Meine Stadt der Nacht habe ich nicht wiedergefunden. Aber ich weiß nun, es gibt sie. Auch wenn man sie nicht sieht.

Literarische Knobelei

Welttags-Geschichten-Quiz

Wenn du die Geschichten in diesem Buch genau gelesen hast, kannst du bestimmt das Rätsel auf den folgenden Seiten lösen.

So findest du das Lösungswort, nach dem auf Seite 121 gefragt wird: Trage jeweils den Buchstaben, der vor der richtigen Antwort steht, in das Lösungswortkästchen mit der entsprechenden Nummer ein. Der Buchstabe zur Frage 1 kommt also in das Kästchen mit der Nummer 1 usw.

Wenn du bei einer Antwort mal unsicher bist, darfst du natürlich auch zurückblättern und nachlesen. Noch ein Tipp: Die Reihenfolge der Fragen entspricht der Reihenfolge der Geschichten im Buch.

Aus allen Einsendungen werden 50 Gewinner gezogen, die tolle Preise erwarten. Was es zu gewinnen gibt und wohin du die Lösungsworte schicken musst, steht auf den Seiten 122 und 123.

Wir wünschen dir viel Spaß beim Lesen und Raten und viel Glück beim Welttags-Geschichten-Quiz!

1. Auf welchem Schiff möchte Juan zur See fahren?

D) Kreuzfahrtschiff
A) Schlepper
Y) Schlauchboot
G) Karavelle

2. Wie heißt Knallis Freund Lutsch in Wirklichkeit?

E) Ludwig
Ä) Lukas
O) Lars
N) Luftikus

3. Aus welchem Land kommt Maria Schönleitner?

R) Niederlande
M) Deutschland
P) Venezuela
N) Österreich

4. Welches ist der zweite Ort, an den Paul und Anton Düsterhaus von dem mysteriösen Briefeschreiber geschickt werden?

S) Stadtbibliothek
T) Schwimmbad
U) Buchhandlung
B) Kirche

5. Was ist das Einzige, vor dem die Schattenfresser Angst haben?

A) Knoblauch
R) Engel
E) Licht
D) Spinnen

6. Welchen Gegenstand der äthiopischen Priester findet Svenja vor der Grabeskirche?

C) Bibel
Ö) Rosenkranz
H) Kreuz
J) Taschentuch

7. Wie heißt das Piratenschiff, auf dem Janne und ihre Mutter reisen?

W) Mutiger Löwe
A) Bunter Hund
N) Alte Kuh
E) Wilde Maus

8. Wer hilft der Erzählerin bei der Rettung ihrer Schwester Nanna?

F) ein Bergwanderer
L) ein Geist
Z) ihr Vater
U) ein Islandpferd

9. Was geben die Stadtstreicher Johannes zu essen?

B) Brot
T) Ravioli
X) Schweinebraten
D) Banane

Lösungswort:

Was bekommt man beim Lesen der gruseligen und spannenden Abenteuergeschichten?

__ __ __ __ __ __ __ __ __
1 2 3 4 5 6 7 8 9

Hast du das Lösungswort herausgefunden? Dann sende es bitte an:

Stiftung Lesen
Welttags-Geschichten-Quiz
Römerwall 40
55131 Mainz

FAX: 01805–224393645
E-Mail: quiz@stiftunglesen.de

WICHTIG: Gib bei deiner Einsendung bitte deine Adresse und deine Klassenstufe an!

Einsendeschluss für das Quiz ist Freitag, der 15. Mai 2009. Die Gewinner werden unter allen richtigen Einsendungen ausgelost. Der Rechtsweg ist ausgeschlossen.

Die Lösung sowie die Gewinner werden ab Mitte Juni auf unserer Internetseite unter www.stiftunglesen.de/welttag veröffentlicht. Da sich am Welttags-Geschichten-Quiz jedes Jahr sehr viele Schülerinnen und Schüler beteiligen, können wir nur die Gewinner schriftlich benachrichtigen.

Die Preise:

1. Preis:
Eine eintägige Fahrt mit der ganzen Klasse ins TV-Studio zur Aufzeichnung der ZDF-tivi-Quizsendung »1, 2 oder 3« in München

2.–10. Preis:
Je ein Jahresabonnement der Zeitschrift Treff sowie ein Buchpaket für die Klassenbibliothek

11.–20. Preis:
Je ein Buchpaket für die Klassenbibliothek

21.–30. Preis:
Je eine schwarz-gelbe Sporttasche

31.–40. Preis:
Je eine schwarz-bunte Faltmappe zum Ordnen, Sammeln und Sortieren

41.–50. Preis:
Je ein Briefpapier-Set mit Briefbögen und Umschlägen

51.–60. Preis:
Je eine schwarze Kulturtasche

Bei den Preisen 1–20 handelt es sich um Klassenpreise, bei den Preisen 21–60 um Einzelpreise.

Foto: © privat

Michael Borlik wurde 1975 in Brühl bei Köln geboren. Er ist ausgebildeter Speditionskaufmann, hängte seinen Beruf jedoch an den Nagel, um (neben einem Germanistikstudium) Bücher zu schreiben. Am liebsten Fantasy und Krimis.
Außerdem ist er verrückt nach Katzen und Reptilien.

Foto: © privat

Foto: © privat

Reiner Engelmann wurde 1952 in Völkenroth im Hunsrück geboren. Nach dem Studium der Sozialpädagogik ist er seit 1977 im Schuldienst und in der Lehrerfortbildung tätig. Seine Schwerpunkte sind Leseförderung, Gewalt, Menschenrechte. Er ist Autor und Herausgeber zahlreicher Anthologien zu gesellschaftlichen Brennpunktthemen und seit 1969 aktiv bei amnesty international.
Paul, sein Enkel, mit dem er die Geschichte zusammen erfand, ist heute zehn Jahre alt und wuchs zwischen Büchern und Geschichten in Mainz auf. Spiele wie das, das in der Geschichte beschrieben wurde, mag er besonders gern.

Foto: © Thienemann Verlag

Joachim Friedrich, geboren 1953 in Oberhausen, studierte nach seiner Lehre zum Industriefachmann Volkswirtschaft und arbeitete als Professor für Betriebswirtschaftslehre und als Unternehmensberater. Die Wende kam, als er merkte, dass er Kinder zum Lachen bringen kann. Seitdem hat er viele Geschichten für Kinder und Jugendliche geschrieben. Mittlerweile ist Joachim Friedrich nur noch als freier Schriftsteller tätig. Er lebt mit seiner Frau und seinen Kindern im Ruhrgebiet.

Thomas Fuchs, geboren 1964, lebt und arbeitet in Berlin. Er schreibt Bücher und Hörspiele, moderierte Kindersendungen und arbeitet als Radiojournalist

Foto: © privat

Wolfram Hänel, 1956 in Fulda geboren, lebt mit seiner Frau und seiner Tochter in Hannover. Er arbeitete als Plakatmaler, Theaterfotograf, Werbetexter, Studienreferendar, Spiele-Erfinder und Dramaturg, bevor er 1987 zu schreiben anfing. Bislang sind mehr als 80 Romane, Erzählungen und Bilderbücher von ihm erschienen, die in insgesamt sechzehn Sprachen übersetzt wurden. Für seine schriftstellerische Tätigkeit wurde er u.a. 2001 mit dem »Kurt-Morawietz-Literaturpreis« der Stadt Hannover ausgezeichnet.

Foto: © Jochen Lübke

Annette Herzog wurde 1960 bei Potsdam geboren. Sie studierte Englisch und Dänisch und war lange als Übersetzerin tätig. Seit 2000 ist sie hauptberuflich Autorin von dänisch- und deutschsprachigen Kinderbüchern und Radiohörspielen. Sie lebt mit ihrer Familie in Kopenhagen.

Foto: © privat

Foto: © Isabelle Grubert

Irma Krauß, 1949 in einem schwäbischen Dorf geboren, arbeitete zunächst als Grundschullehrerin, seit 1990 ist sie freie Schriftstellerin. Es entstanden zahlreiche Kinder- und Jugendbücher, die zum Teil in fremde Sprachen übersetzt und mit Literaturpreisen ausgezeichnet wurden. Irma Krauß lebt auf dem Land, wo auch ihre drei Kinder aufwuchsen.

Foto: © Aaron Löwenbein

Peter Schwindt wurde 1964 in Bonn geboren. Sein Studium der Germanistik, Komparatistik und Theaterwissenschaften brach er nach 14 Semestern ab und wandte sich seiner Leidenschaft, dem Film und der Literatur, zu. Er verfasste Drehbücher, lektorierte Computerzeitschriften und entwickelte Computerspiele. Für den Westdeutschen Rundfunk verfasste er 2000 die Hörspielserie »Justin Time«, auf deren Grundlage die gleichnamige Romanreihe entstand.

Foto: © privat

Manfred Theisen wurde 1962 in Köln geboren. Er studierte Germanistik, Anglistik, und Politik. Er forschte zwei Jahre für das deutsche Innenministerium in der Sowjetunion, gründete einen Entwicklungshilfe-Verein in Äthiopien, arbeitete als Redakteur und leitete eine Kölner Zeitungsredaktion. Heute lebt er als freier Autor in Köln.

Michael Borlik
Der 13. Engel
Thienemann

Reiner Engelmann
Vom Zauber der Buchstaben
omnibus

Joachim Friedrich
4½ Freunde und das bellende Klassenzimmer
Thienemann

Thomas Fuchs
1 FC Profikicker
Arena

Wolfram Hänel
Hilfe, mein Vater ist Pirat!
omnibus

Annette Herzog
Ein Hotel zum Gruseln
Ueberreuter

Irma Krauß
Ein stinknormales Schwein
Landwirtschaftsverlag

Peter Schwindt
Morland – Die Rückkehr der Eskatay
Ravensburger

Manfred Theisen
Checkpoint Jerusalem
cbt

Nachwort

Der Welttag des Buches – das besondere Leseabenteuer!

Leseabenteuer gibt es rund um den Welttag des Buches überall zu erleben – nicht nur in eurer Schule! Viele Buchhandlungen, Bibliotheken etc. bieten am 23. April 2009 besondere Aktionen rund ums Buch und ums Lesen an. Nachfragen lohnt sich, denn es gibt viele Möglichkeiten, mitzumachen und tolle Preise zu gewinnen!

Echte Gewinnchancen hat auch, wer das Quiz in diesem Buch richtig löst oder sich am Schreib- und Kreativwettbewerb zum Thema »Abenteuer« beteiligt. Hier gewinnt ihr gleich Preise für eure gesamte Klasse! Fragt einfach eure Lehrer nach diesem Wettbewerb, der in den Schulmaterialien zum Welttag des Buches enthalten ist, oder schaut unter www.stiftunglesen.de/welttag nach.

Viele Buchhandlungen bieten rund um den Welttag des Buches auch wieder eine literarische Schnitzeljagd an: An verschiedenen Stationen löst ihr knifflige Rätsel rund um die Geschichten in diesem Buch – und könnt so spannenden Schmökerstoff gewinnen.

Auch bei ZDF-tivi, dem Kinder- und Jugendprogramm des ZDF, spielt der Welttag des Buches wieder eine Rolle: In verschiedenen Sendungen wird das Thema Lesen aufgegriffen.

Wir wünschen euch ein abenteuerliches Lesevergnügen rund um den Welttag des Buches 2009!